从零开始学
新媒体文案创作与传播
（第2版）

黄京皓 ◎ 编著

清华大学出版社
北 京

内 容 简 介

电子商务时代，新媒体的发展愈发如火如荼，文案创作与传播成了一项必学科目与必备技能，因为文案创作与传播的背后实质上是营销能力。文案创作者与传播者，实际上是策划者与营销者。笔者十多年来一直在新媒体领域从事创作与传播工作，为阿里、百度、探路者、IBM等企业提供过文案服务，希望这本书能帮助更多的朋友写出优秀的文案，成为年薪百万的新媒体文案创作者与传播者。

本书共分三篇：第一篇是新媒体文案基础篇，主要讲述新媒体文案的基本概念、定位方法和主要类型；第二篇是新媒体文案创作篇，主要讲述新媒体文案的标题、内容、图片和排版等创作技巧；第三篇是新媒体文案传播篇，主要讲述推广平台、吸粉引流和营销技能等技巧。随书赠送多媒体教学课件。

本书不仅适合对新媒体文案感兴趣的创作者、运营者学习使用，而且适合作为网络营销、电子商务、市场营销、新闻采编等专业的学习教材。

本书封面贴有清华大学出版社防伪标签，无标签者不得销售。
版权所有，侵权必究。举报：010-62782989，beiqinquan@tup.tsinghua.edu.cn。

图书在版编目(CIP)数据

从零开始学新媒体文案创作与传播 / 黄京皓编著. —2版. —北京：清华大学出版社，2020.4
（2023.1重印）
ISBN 978-7-302-55143-0

Ⅰ.①从… Ⅱ.①黄… Ⅲ.①传播媒介—文书—写作 Ⅳ.①G206.2

中国版本图书馆CIP数据核字(2020)第047266号

责任编辑：	张　瑜　杨作梅
封面设计：	杨玉兰
责任校对：	王明明
责任印制：	丛怀宇
出版发行：	清华大学出版社
网　　址：	http://www.tup.com.cn, http://www.wqbook.com
地　　址：	北京清华大学学研大厦A座　　邮　编：100084
社 总 机：	010-83470000　　邮　购：010-62786544
投稿与读者服务：	010-62776969, c-service@tup.tsinghua.edu.cn
质量反馈：	010-62772015, zhiliang@tup.tsinghua.edu.cn
印 装 者：	北京博海升彩色印刷有限公司
经　　销：	全国新华书店
开　　本：	170mm×240mm　　印　张：15.75　　字　数：370千字
版　　次：	2017年4月第1版　2020年4月第2版　　印　次：2023年1月第4次印刷
定　　价：	59.80元

产品编号：084167-01

前言

新媒体是区别于电视媒体、平面媒体等的新的传播形式,随着智能手机的迅速普及,以及全民上网的大趋势,特别是 5G 时代的到来,新媒体愈发成为人们生活中最重要的传播渠道。

如果你还没有使用过微博、微信、淘宝、抖音、快手这些新媒体平台,从某种程度上来讲,你有可能要落伍了。同样,如果你的企业没有使用过这些新媒体做传播、营销和推广,那就太可惜了。

作为一位新媒体行业从业者,本人在 10 年前就创办了一家专注于新媒体的营销策划机构。这些年来,为各种类型的企业提供过新媒体营销服务,既有 BAT 这类的顶级互联网企业,也有探路者、IBM、微软、HTC 之类的国内外知名企业。

但还有相当一部分是新崛起的中小企业,它们懂得充分利用新媒体的威力和趋势,从而迅速崛起。甚至还有一部分个人客户,如明星、网红或者是对塑造个人品牌有需求的人,也都通过探讨实践,取得了良好的传播效果。可以说过去 10 年,是新媒体营销迅猛发展的 10 年。我们坚信未来更是如此。

新媒体从来不是什么高深的学问,它是年轻的、亲民的,甚至是非常草根的。如果你对此感兴趣,想要系统地了解新媒体的传播知识,那么恭喜你,这个行业没有什么门槛。无论你是什么学历、什么年纪、什么专业,你都可以很好地学习新媒体的营销知识,还有可能成为个中高手。

如果你问我什么是新媒体营销中最有用的大杀器?我会毫不犹豫地回答:高水平的文案。文字是一切新媒体的基础,产品特色需要文案,宣传推广需要文案,视频也不可能是无声的,也需要文案。文案无处不在,同时文案也是性价比最高的。

一个好的标题,有可能轻轻松松帮你获得 10 万次的阅读量。不到 140 个字的微博,有可能成为头条新闻。同样一段视频,配上不同的文案,传播效果也有可能相差十万八千里。所以,从文案开始学习,是提高新媒体传播能力最有效的办法。

也许你天生不是一个热爱写作的人,会觉得写文案对于自己来讲是非常困难的事情。我可以很负责任地告诉你,你能行。只要你从现在开始学习,并且在新媒体传播中不断尝试,你会慢慢获得成就感,然后爱上这种感觉。

我们曾经用一条不到 140 个字的微博,帮助客户一夜之间涨粉 2 万;也曾经用 3 条微博做了一次事件营销,从而上了头条;在 2019 年我们的红人也靠文案和视频能力,一天之内在抖音涨粉 10 万。做到以上这些成绩的人，没有一个是广告市场营销等相关专业的，都是在慢慢摸索和学习的过程中，逐渐取得的成绩，然后信心爆棚一发不可收拾。是的，谁不想在网上一呼百应呢？

我们通过数百场实战，深知：

文案中的每一个文字，其实都是一个业务员，在帮你扩展业务。

文案高手，其实就是电脑键盘后的销售高手，在帮你销售产品。

好的文案，一句抵万句，胜过 100 个销售高手，性价比是最高的。

本书作为一本全方位介绍文案创作和传播的书籍，从基础入手，手把手教你如何打造爆款文案。就像我们前面提到的，本书既适合企业中从事新媒体传播的从业人员，也适合想在新媒体时代打造个人影响力的人。

所以，从现在开始你的新媒体之路吧。10 万、100 万的阅读量，1000 万的播放量，这些离你并不遥远，也许就在明天。

本书由黄京皓编著，参与编写的人员还有周玉姣等人，在此一并表示感谢。由于作者知识水平有限，书中难免有疏漏之处，恳请广大读者批评、指正。

编 者

目录

基 础 篇

第1章 初步认识，快速入门...............3
- 1.1 入门基础，概念详解...................4
  - 1.1.1 基本概念，轻松入门..........4
  - 1.1.2 文案类别，清晰划分..........4
  - 1.1.3 洞悉内容，打动客户..........5
- 1.2 前期调研，找准方位...................6
  - 1.2.1 含义解读，何为调研..........6
  - 1.2.2 调研作用，事半功倍..........7
  - 1.2.3 调研方法，如何支招..........8
- 1.3 保证前提，把握重点...................9
  - 1.3.1 换位思考，挖掘痛点..........9
  - 1.3.2 拉近距离，读者第一........10
  - 1.3.3 阅读利器，价值为王........11
- 1.4 细节要点，锦上添花.................13
  - 1.4.1 描绘场景，身临其境........13
  - 1.4.2 紧跟热点，吸人眼球........14
  - 1.4.3 网络用语，贴近读者........15
  - 1.4.4 小而精美，言简意赅........16

第2章 做好定位，轻松创作.............19
- 2.1 内容定位，成功秘诀.................20
  - 2.1.1 洞悉内容，把握方向........20
  - 2.1.2 展示整合，优质推送........20
  - 2.1.3 积极互动，增加信任........21
- 2.2 读者定位，明确用户.................21
  - 2.2.1 用户特性，精准分析........21
  - 2.2.2 数据分析，行为分类........22
  - 2.2.3 用户画像，对号入座........23
- 2.3 方向定位，突出亮点.................23
  - 2.3.1 特色定位，差异分析........23
  - 2.3.2 功能规划，确定基调........23
- 2.4 品牌定位，易于推广.................24
  - 2.4.1 如何取名，高手支招........24
  - 2.4.2 取名雷区，有效避免........25
- 2.5 价值定位，吸粉关键.................26
- 2.6 目标定位，坚定信念.................27
- 2.7 缺陷定位，取长补短.................28

第3章 10种形式，玩转文案............29
- 3.1 创意文案，热点思维.................30
  - 3.1.1 制造新闻，实现营销........30
  - 3.1.2 搬出数据，增强力量........31
  - 3.1.3 讲述故事，引人入胜........31
  - 3.1.4 同行竞争，巧妙借势........32
- 3.2 促销文案，简单直白.................33
  - 3.2.1 文字文案，信息强大........34
  - 3.2.2 促销标签，更加直观........34
- 3.3 悬念文案，吸引眼球.................36
  - 3.3.1 设置悬念，引起好奇........36
  - 3.3.2 悬念吸粉，技巧助力........36

- 3.4 广告文案，引领消费..................37
  - 3.4.1 完善搜索，提升排名......38
  - 3.4.2 图文并茂，效果显著......38
  - 3.4.3 诱人文案，引导购买......38
  - 3.4.4 实事求是，成功利器......38
  - 3.4.5 谨慎细致，传播品牌......39
  - 3.4.6 应时而动，展现差异......39
- 3.5 新闻点缀，润色文案..................40
  - 3.5.1 规避问题，掌握方法......40
  - 3.5.2 案例展示，轻松模仿......41
- 3.6 写好故事，贴近内心..................42
  - 3.6.1 抓住读者，无形推销......42
  - 3.6.2 塑造故事，技巧助力......43
- 3.7 逆向思维，多维挖掘..................44
  - 3.7.1 对立思考，与众不同......44
  - 3.7.2 转换角度，把握技巧......44
- 3.8 情感文案，以情动人..................45
  - 3.8.1 4个方面，挖掘情感......45
  - 3.8.2 彰显特色，获得共鸣......46
- 3.9 恐吓文案，吸引注意..................47
  - 3.9.1 警告、恐吓，掌握套路...47
  - 3.9.2 把握限度，适当创新......47
- 3.10 病毒文案，极速传播..................48

创 作 篇

第4章 写好标题，抓住眼球..................53

- 4.1 打造标题，至关重要..................54
- 4.2 标题要点，5大方面..................54
  - 4.2.1 拟写标题，4大原则......54
  - 4.2.2 涵盖文章，凸显主旨......56
  - 4.2.3 掌握词根，增加曝光......56
  - 4.2.4 风格统一，题文一致......57
  - 4.2.5 控制字数，摘取重点......57
- 4.3 迎合需求，引爆流量..................58
  - 4.3.1 满足窥探，产生联想......58
  - 4.3.2 追忆往昔，引发共鸣......59
  - 4.3.3 轻松幽默，娱乐读者......59
  - 4.3.4 给予关怀，俘获读者......60
  - 4.3.5 注入价值，主动扩散......61
  - 4.3.6 抓住好奇，营造神秘......61
  - 4.3.7 击中情感，打动读者......62
  - 4.3.8 利益挂钩，满足私心......63
- 4.4 拟写标题，掌握门道..................63
  - 4.4.1 专家口吻，提升权威......64
  - 4.4.2 夸张夺目，引起窥探......66
  - 4.4.3 含蓄内敛，引起好奇......67
  - 4.4.4 "体"字标题，
    4大类型..................69
  - 4.4.5 "式"字标题，
    3大类型..................72
  - 4.4.6 "性"字标题，
    4大类型..................74
  - 4.4.7 其他类型，更多助力......77
- 4.5 标题撰写，6大误区..................79
  - 4.5.1 表述含糊，增加负担......79
  - 4.5.2 无关词汇，推远读者......79
  - 4.5.3 负面表达，误导读者......80
  - 4.5.4 虚假自夸，欺骗读者......80
  - 4.5.5 比喻不当，产生质疑......81
  - 4.5.6 强加于人，产生抵触......81

第 5 章 爆款保障，王牌内容............83

5.1 特色多样，选对形式................84
- 5.1.1 文字内容，质量支撑.....84
- 5.1.2 图片内容，视觉冲击.....85
- 5.1.3 图文结合，取长补短.....86
- 5.1.4 视频内容，抓住眼球.....88
- 5.1.5 语音内容，拉近距离.....88
- 5.1.6 综合混搭，极致体验.....89

5.2 文案开头，捕获目光
- 5.2.1 5 种技巧，拿下受众.....90
- 5.2.2 善用摘要，激发兴趣.....92
- 5.2.3 出彩开篇，良好印象.....93

5.3 完美收官，流连忘返
- 5.3.1 首尾呼应，引发思考.....94
- 5.3.2 结尾号召，增强共鸣.....95
- 5.3.3 祝福推送，传达关心.....96
- 5.3.4 激发情感，推波助澜.....97

5.4 多种布局，倍增魅力
- 5.4.1 说好故事，拉近距离.....97
- 5.4.2 总分结构，清晰呈现.....98
- 5.4.3 层层递进，逻辑严谨.....100

5.5 表达技巧，决胜平台............102
- 5.5.1 营造场景，勾起兴趣.....102
- 5.5.2 打造个性，独具特色.....103
- 5.5.3 举行活动，增强互动.....104
- 5.5.4 直呈福利，吸引受众.....105
- 5.5.5 利用连载，累积粉丝.....106
- 5.5.6 提前预告，营造神秘.....108

第 6 章 配图秘籍，极致呈现............111

6.1 品牌头像，最佳广告................112

- 6.1.1 优质头像，引入流量.....112
- 6.1.2 掌握渠道，获取头像.....112
- 6.1.3 企业头像，如何设置.....113

6.2 文案主图，轻松吸睛................116
- 6.2.1 适宜主图，增光添彩.....116
- 6.2.2 掌握方法，设计主图.....117

6.3 文案侧图，展现核心................119
- 6.3.1 特色侧图，如何挑选.....119
- 6.3.2 设置侧图，具体操作.....120

6.4 设计图片，技巧展现................122
- 6.4.1 高清图片，如何获取.....122
- 6.4.2 图片数量，完美搭配.....124
- 6.4.3 精修图片，生动呈现.....127

6.5 图片类型，各具优势................130
- 6.5.1 动图特效，表达鲜活.....130
- 6.5.2 长图效果，视觉冲击.....133

第 7 章 排版设置，优化阅读............137

7.1 栏目分类，锁定视线................138
- 7.1.1 根据兴趣，设置栏目.....138
- 7.1.2 有序呈现，突出要点.....138
- 7.1.3 灵活排列，抓住眼球.....139

7.2 栏目设置，利于安排................142
- 7.2.1 设置栏目，加强互动.....142
- 7.2.2 平台内容，分类呈现.....143

7.3 掌握排版，焕然一新................145
- 7.3.1 排版开头，增强带入.....145
- 7.3.2 结尾版式，引导关注.....146
- 7.3.3 文字排版，抓住要素.....148
- 7.3.4 图文结合，版式舒适.....150

7.4 打造版式，视觉盛宴................151

7.4.1 借助工具，完善版式......151
7.4.2 收藏素材，丰富资源......152
7.4.3 树立风格，展现差异......152
7.4.4 巧妙分割，增加舒适......153

7.5 选取器材，轻松搞定......154
 7.5.1 常规工具，实例操作......154
 7.5.2 功能丰富，排版工整......158
 7.5.3 个性排版，利用特色......158

传 播 篇

第 8 章 7 类平台，促进推广......163

8.1 社交：微信、微博......164
 8.1.1 微信平台，不可错过......164
 8.1.2 微博平台，便捷分享......169

8.2 自媒体：今日头条、简书......172
 8.2.1 今日头条，扩大影响......172
 8.2.2 简书平台，专题投稿......174

8.3 电商：淘宝、京东......177
 8.3.1 淘宝平台，双重目的......177
 8.3.2 京东平台，内外兼容......180

8.4 社群：QQ 群、微信群......182
 8.4.1 QQ 群，方便交流......183
 8.4.2 微信群，邀请推广......184

8.5 社区：百度贴吧、豆瓣东西......185
 8.5.1 百度贴吧，志同道合......185
 8.5.2 豆瓣东西，图文推广......188

8.6 短视频：抖音、快手......189
 8.6.1 抖音平台，要有价值......189
 8.6.2 快手平台，记录生活......192

8.7 音频：喜马拉雅、荔枝......193
 8.7.1 喜马拉雅，音频分享......193
 8.7.2 荔枝，完整链条推广......194

第 9 章 吸粉引流，成就爆款......195

9.1 运营引流，轻松引爆......196
 9.1.1 依赖性引流，提升黏性......196
 9.1.2 互动引流，有效引导......196
 9.1.3 活动引流，目标明确......198

9.2 公众号引流，快速涨粉......199
 9.2.1 大号互推，实现共赢......199
 9.2.2 线上微课，知识传播......200
 9.2.3 征稿大赛，名利双收......201

9.3 百度引流，信息获取......202
 9.3.1 百科知识，性价比高......202
 9.3.2 百度知道，知识分享......204
 9.3.3 百度文库，分享学习......205

9.4 腾讯引流，社交高地......205
 9.4.1 QQ 引流，巨大优势......205
 9.4.2 小程序引流，实用创新......208

9.5 其他引流，多多益善......210
 9.5.1 淘宝引流，电商助力......210
 9.5.2 红包群信息，利益吸引......211
 9.5.3 互动游戏，好玩有趣......212

第 10 章 6 大技能，促进营销......215

10.1 SEO 营销，排名靠前......216
 10.1.1 百度指数，关注动态......216
 10.1.2 用户角度，换位思考......217

10.1.3　对手角度，巧妙借鉴...218
　　10.1.4　文案标题，含关键词...220
　　10.1.5　符号连接，提升排名...221
10.2　场景营销，提升体验..............223
　　10.2.1　强调利益，激发购买...223
　　10.2.2　有稀缺感，觉得紧迫...225
10.3　借势营销，引起关注..............227
　　10.3.1　借势热点，更易吸睛...227
　　10.3.2　借势名人，粉丝齐聚...228
10.4　情感营销，激发共鸣..............230

　　10.4.1　亲情诱导，亲情共鸣...230
　　10.4.2　节日气氛，调动情绪...232
10.5　分享营销，活跃氛围..............235
　　10.5.1　巧妙晒单，让人心动...235
　　10.5.2　晒好评，让事实说话...237
10.6　口碑营销，建立权威..............239
　　10.6.1　新闻报道式，
　　　　　　卸下防备........................239
　　10.6.2　新闻权威式，
　　　　　　加深印象........................240

基础篇

第 1 章
初步认识,快速入门

学前提示

文案是我们工作中不可或缺的部分,如何写出一份好的文案,也成为大家比较关心的问题。要想写出一份好的文案,需要从了解文案的基础概念入手。本章将为读者全面解读文案的基本知识,帮助大家快速掌握文案的基本内容。

- 入门基础,概念详解
- 前期调研,找准方位
- 保证前提,把握重点
- 细节要点,锦上添花

1.1 入门基础,概念详解

随着社会的不断发展,文案的应用越来越广泛,从事文案写作的人也在不断增多。对于文案的概念、分类以及内容构成等基础知识,都需要读者详细了解并掌握。

1.1.1 基本概念,轻松入门

文案,最初的意思就是指用于放书的桌子,后来泛指在桌子上写字的人。现在所说的文案就是用文字来表现创意,也指在公司里从事文字工作的人和相关职位。

在实际的写作应用中,文案在内容上是"广告文案"的简称,由英文 copywriter 翻译而来。文案有广义和狭义之分,如图 1-1 所示。

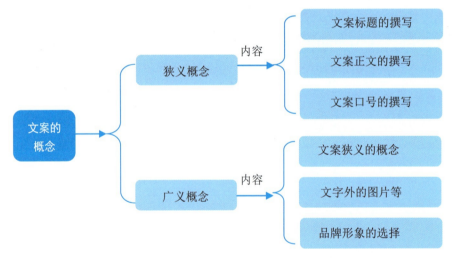

图 1-1 文案的概念

1.1.2 文案类别,清晰划分

随着互联网和移动互联网的不断发展,利用新媒体平台进行推广变得越来越普遍。基于此,本书提到的文案特指新媒体文案。

新媒体文案,是指在微信公众号和各种自媒体平台等新兴媒体上的用文字来体现广告创意和内容的文字表达。新媒体文案的分类如图 1-2 所示。

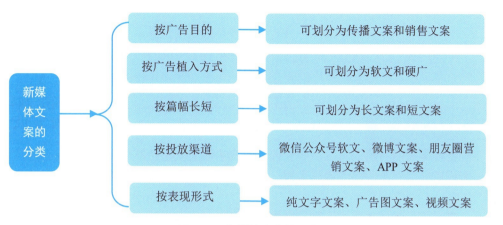

图 1-2 新媒体文案的分类

1.1.3 洞悉内容，打动客户

精准定位同样是文案的基本要求之一，每一个成功的广告文案都具备这一特点。如图 1-3 所示为德芙巧克力的推广文案。

图 1-3 德芙巧克力的推广文案

在文案的内容上，德芙这则广告文案的特色主要体现在：能让人们体会到巧克力在嘴中融化的细腻触感。"愉悦丝滑，尽享德芙" 8 个字突出了德芙巧克力的口感特点，从而与众多的其他巧克力品牌区分开来。

精准的内容定位不仅能够让产品更好地被受众群体所接受，还能让潜在用户也被相关的信息所打动。对写手而言，要想做到精准的内容定位，可以从 4 个方面入手，如图 1-4 所示。

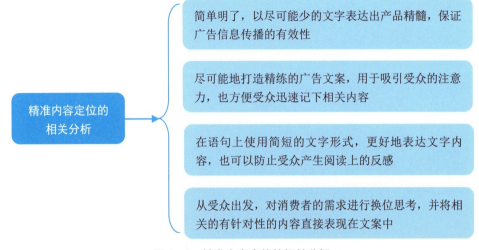

图1-4 精准内容定位的相关分析

1.2 前期调研，找准方位

如果想让文案同时做到一字千金和妙笔生花，那么调研是必不可少的，这是保证文案写作方向正确和内容精准的前提。只有经过调研，才能预测众多APP和自媒体平台推送的文案是否能准确地传达到目标用户群，并最终达到预期的营销目的。

一般来说，一些主观的设计、思想之所以存在，是因为它具有某些方面的作用和价值。在进行调研之前，读者首先需要了解调研的基本概况。下面将会对调研的含义、作用以及方法3方面内容进行介绍。

1.2.1 含义解读，何为调研

市场之所以有调研的必要，是因为基于市场因素和市场环境因素的市场总是处于瞬息万变的状态中，市场因素主要包括资金、产品、价格、广告、推销等，市场环境因素则包括政治、经济、文化、地理条件等。

因此，市场调研就是为了达到营销目的而进行的对营销信息的分析、甄别工作。具体来说，它的含义包括3大方面，就是目的、特点以及途径。特点是系统性和客观性；途径即识别、收集、分析以及传播营销信息。市场调研的目的包括如图1-5所示的3点。

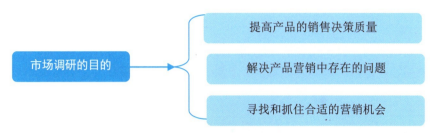

图 1-5 市场调研的目的

1.2.2 调研作用，事半功倍

市场调研作为市场预测和经营决策过程中重要的组成部分，一直占据着重要的地位。它是企业进行营销策划和运作过程的基础，对企业产品和品牌的推广有重要的作用。市场调研的作用可从广义和狭义两个方面进行分析，如图 1-6 所示。

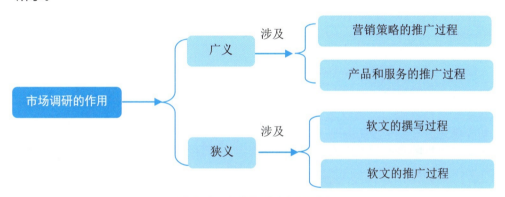

图 1-6 市场调研的作用分析

从狭义的角度看，市场调研的作用主要是提供参考依据、丰富的素材以及评估标准，如图 1-7 所示。

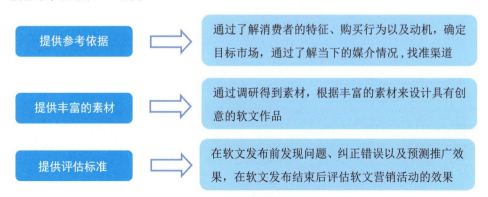

图 1-7 市场调研的狭义作用

1.2.3 调研方法，如何支招

市场调研对于软文营销的目的具有巨大的支撑和参考作用，那么接下来要思考的就是怎样进行市场调研。关于市场调研的方法主要有 6 种，如图 1-8 所示。

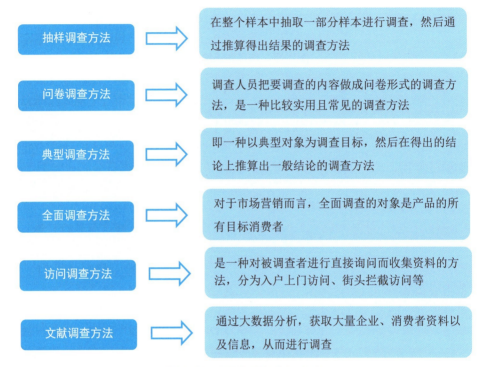

图 1-8　市场调研的 6 种方法

例如，笔者在一次文案的策划选题过程中，就采用了上面提到的访问调查法来进行市场调研，具体的操作步骤如图 1-9 所示。

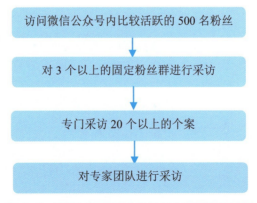

图 1-9　采用访问调查方法进行市场调研的过程

一层一层地采访是确定选题和文案内容的基本保障，一般情况下笔者都会采取 4 级采访的方式。

- 第一级采访：目的是确定基本的选题方向，即大家最近都在关注些什么，大家的注意力主要放在哪些领域。
- 第二级采访：是稍显细分的采访，因为这个时候人数已经减少了，用户之间的细微差别也会显露出来，这个环节要注意细节，细节的筛选很有可能会影响后面的内容写作。
- 第三级采访：就是分别找个人去谈，这也是访问调查中比较细致的访问环节，一个人一个人地谈，耗费的是时间和精力，不过得到的素材也是独一无二的，并会在采访过程中得到新的突破。
- 第四级采访：是对专家团队的采访，同时也是十分必要的一个环节，这时候已经基本确定了选题的大方向，但对于内容涉及的一些专业知识，还需要向专家咨询意见，比如财产分配等涉及法律的问题，就需要在专家的指导下来写。

1.3 保证前提，把握重点

如何在进行调研的前提下，进一步把握文案的核心？本节将从挖掘用户痛点、拉近与读者的距离以及塑造有价值的文案 3 个方面展开探讨。

1.3.1 换位思考，挖掘痛点

企业要想让自己的文案成功地吸引读者的注意力，就需要将文案变得有魔力，而这种魔力可以在"痛点"中获取。所谓的"痛点"是指读者在正常的生活当中所碰到的问题、纠结和抱怨。如果这个事情不能得到解决，那么读者就会浑身不自在，会感到痛苦，这就是读者的"痛点"。

如果文案撰写者能够将读者存在的"痛点"体现在文案中，并且给予解决方法，那么这样一篇文案必会引起一部分读者的注意。

例如，神州专车文案就直击消费者对于安全问题的痛点，如图 1-10 所示。"安全"是人们在生活和工作中最在乎的问题，特别是对于乘坐陌生车辆的人，安全显得更重要。

因此，神州专车以"除了安全，什么都不会发生"为文案广告语，明确地告诉消费者："我能帮你解决这个问题"。如此一来，消费者最关心的问题得到了解决，消费者自然也就心安了。

图1-10 "痛点"文案广告

总之,消费者在生活中遇到的不好解决的问题,就叫"痛点"。文案撰写者需要做的就是发现消费者的"痛点"。以这个"痛点"为核心,找到解决"痛点"的方法,并且将方法和企业产品联系在一起,最后巧妙地融入到文案的主题中,明确地传递给受众一种思想,帮助他们找到解决问题的方案。

"痛点"的挖掘是一个长期运作的过程,不可能马上完成,更不可能一步到位。它属于细节上的问题,同时也是消费者最敏感的细节。企业从细节上开始挖掘,再认真体会用户的需求,才能够挖掘到消费者的"痛点",这样的文案才能触动读者的心弦。一般来说,企业想找到消费者的痛点,需要对消费者的消费心理有充分的解读,并且对自己的产品和服务有充分的了解。

1.3.2 拉近距离,读者第一

文案要对读者有价值。撰写一篇优秀文案的第一步,就是寻找用户感兴趣的话题,可以搜索相关的资料进行整理,最终消除彼此之间的陌生感,让读者对文案产生认同感,从而取得读者的信任。

我们要记住一点,文案的受众是广大的读者,这是文案写作的基本前提和要素。不同类型的读者对文案的需求也不一样。那么,在创作文案的时候,到底应该怎么把读者放在第一位呢?

这里主要有3点技巧——根据对象设定文案风格、根据职业使用相关的专业语言以及根据需求打造不同走向的文章内容。掌握了这些技巧,就能够拉近与读者之间的距离,为文案创造更好的传播效应。

例如,一篇标题为"运动受伤后,这4件事千万不可以做!"的文案,标题中的"运动受伤后"就是针对所有热爱运动或者平时有运动爱好的目标客户群体而打造的,而且"千万不可以做!"更是引起了受众的注意,如图1-11所示。

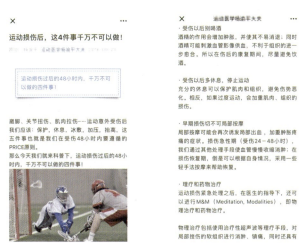

图 1-11 "运动损伤后，这 4 件事千万不可以做"的文案内容

撰写文案的人根据受众的不同来打造文案，把读者的需求放在首位。因此无论是标题还是正文，都会突出受众想要看到的字眼，使得读者一看到标题就会点进去阅读，从而有效提升文案的浏览量。

1.3.3 阅读利器，价值为王

新媒体文案，应该是附着于其他产品上并且借助其他产品进行宣传的文章。一篇优秀的新媒体文案，必定会具备一定的价值，具有价值的文案才会被看好。一般而言，优秀的文案除了要提及需要宣传的内容外，还要充分体现新闻价值、学习价值、娱乐价值以及实用价值，具体内容如图 1-12 所示。

图 1-12 新媒体优秀文案的 4 个价值

这种文案不仅能够起到宣传作用,而且能够增强软文的阅读性,让读者在阅读文章时,心情愉悦。笔者总结了提升文案价值的技巧,如图 1-13 所示。

图 1-13 提升文案价值的技巧

以"手机摄影构图大全"的微信公众号为例,它推出的内容基本上都是富有实用价值的。如图 1-14 所示为其摄影方面的技巧分享。

图 1-14 具有实用价值的文案

这个公众号推送的内容比较广泛,有构图技巧,也有后期图片处理的技巧等,只要是读者能够用到的摄影知识,"手机摄影构图大全"公众号都会进行推送。这样的文案不仅能够为读者提供实用的价值,还可以帮助读者学习更多知识。

专家提醒

提供实用知识和技巧的文案往往能够得到读者的青睐,虽然文案的价值不仅仅局限于实用技巧的展示,但从最直接和最实际的角度来看,能够提供行之有效的解决问题的方法、窍门是广大读者都乐意接受的。这也是为什么文案需要具备价值的原因之一,有价值的文案才受读者喜爱。

1.4 细节要点,锦上添花

如何让文案结构更加精美、内容更吸引读者眼球?本节将从描绘场景、紧跟热点、正确使用网络用语以及写出小而精美的文案 4 个方面为读者一一进行讲述。

1.4.1 描绘场景,身临其境

新媒体文案并不是将简单的文字堆砌起来就万事大吉,而是需要将质朴而不失韵味的文字打造成一篇画面感极强的文章,让读者能边读文字,边想象出一个与生活息息相关的场景,从而产生身临其境的感觉。如此一来,文案才能更好地勾起读者继续阅读的兴趣。

一般来说,文案撰写者在打造文案场景时,有两种撰写方法,一种是特写式,另一种是鸟瞰式,如图 1-15 所示。

图 1-15 文案场景的撰写方法

以下是冰糖燕窝羹的文案,它的广告文案很简单,但它为消费者描绘了使用产品的具体情境。文案中设定的主人公都是我们生活中的亲人,它用简单的生活场景衬托出这一句场景化的文案,带给人无限温暖,从而使得品牌形象深入人心,如图 1-16 所示。

图 1-16 冰糖燕窝羹的广告文案

1.4.2 紧跟热点，吸人眼球

所谓"时事要点"，即可以引起众人重点关注的中心事件或信息等，紧跟热点的文案可以增加点击量。值得注意的是，大部分人群都对热门的事件感兴趣，因此，热点一般都会吸引大多数人的眼球。无论是什么内容，都可以往热点上面靠一靠，这样一来，打造爆款文案的成功率会更高。

由于新媒体平台具有即时性的特点，因而使得时事要点的传播有了可能。特别是微信，它作为社交平台，有着广泛传播的途径。因此在微信这一运营平台上，打造紧抓时事要点的文案，利用微信公众号和朋友圈等进行传播，有利于文案的传播和拓展。

结合热点、要点的文案能够产生较强的传播力。那么，打造文案时要如何牢牢抓住热点呢？文案又怎样与热点紧密结合呢？笔者总结出如图1-17所示的技巧。

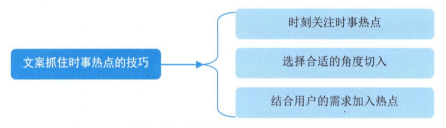

图1-17 文案抓住时事热点的技巧

如图1-18所示是"HR商学院"推送的一篇题为《HR眼中的〈都挺好〉：招聘时分清这三类职场人》的文章。此文紧跟《都挺好》热播剧的热点，再结合自身平台的特色，进行了职场干货的分享。这样不仅能让想学习干货的职场人员想点开文章，也能让很多最近在看这部电视剧的人带着好奇心点开文章，从而达到增加浏览量的目的。

专家提醒

在新媒体平台上，各式各样的新媒体账号每天都会推送更新内容，为了尽可能吸引人们的眼球，创作者们都会冥思苦想，仔细斟酌，而紧跟热点就是他们常用的方法之一，这种方法也能有效提高文案的浏览量。

图 1-18 《HR 眼中的〈都挺好〉：招聘时分清这三类职场人》文案

专家提醒

一般而言，人们不会每天都关注新闻要点，但大部分人都会每天看朋友圈的动态。基于人们对新闻要点的兴趣，如果有人能主动推送的话，用户也会点击浏览的。因此，在文案中巧妙地植入时事要点，是新媒体平台文案营销的一个非常值得借鉴的技巧。

1.4.3 网络用语，贴近读者

在打造新媒体文案时，我们可能很少会注意到"文字"这一关键要素，文字是组成文章的基本成分，同时也是表达诉求和情感的重要载体，如何使用新媒体文字，是打造爆款文案的重中之重。

文案的文字是打造优秀文案的关键，它的主要要求包括实事求是、接地气以及紧跟时代潮流 3 点。

如图 1-19 所示为"宜昌市中心人民医院"微信公众号推送的一篇题为《燃烧我的卡路里：减脂攻略，你做对了几条？》的文章。在标题中就运用了网络词语，有效地吸引了读者的目光，并且在文中针对减肥问题从医学角度提出了实用有效的方法，为读者规避了一些减肥误区。

图 1-19 《燃烧我的卡路里：减脂攻略，你做对了几条？》的内容

事实上，新媒体语言最主要的特点就是真实和接地气，使用网络用语的原因也是为了贴近目标人群的阅读习惯，抓住读者的喜好和需求。

专家提醒

打造一篇成功的文案，不仅需要掌握其大致的写作结构，比如"起承转合"，同时还要知道如何运用不同风格的新媒体语言。如果说文案的结构是树干，那么语言就是枝叶。一棵树，只有枝繁叶茂才能算作是一棵大树。因此，掌握新媒体的网络用语是很重要的。

1.4.4 小而精美，言简意赅

随着互联网和移动互联网的快速发展，碎片化的阅读方式已经逐渐成为主流，大部分读者看到长篇大论的文章或多或少都会产生一些抵触心理。即使有的读者愿意阅读较长篇幅的文字，但也很难坚持看完。

从制作成本的角度来看，长篇幅的文章还要花费更多的版面费用，而且如果文案的反响效果不好，就可谓是"赔了夫人又折兵"，是得不偿失的。

写一篇文案，"小而精美"是关键所在，也就是说一篇成功的文案应该具备短小精悍和言简意赅的特点。如此一来，读者就能快速了解文案的大致内容，从而获取创作者想要传达的重点信息。

搜狐网新闻中心总监徐一龙认为，如果想写出令读者满意的文案，就需要从如图 1-20 所示的 3 个方面做起。

```
徐一龙提出的文案秘诀 ──→ 简洁明了，还得学会讲故事
                      新媒体的文字要更直接和真实
                      新媒体文本字数要恰当，800字就够了
```

图1-20　徐一龙提出的文案秘诀

专家提醒

写出一篇能够让人读得尽兴的文案是远远不够的，还需要能够彻底把握文案的篇幅，最好能够在文章的高潮部分，将文案的主题充分地嵌套进去。因此，在写作的时候，要尽可能地使用短句（每句话在10个字以内）。

以"品读时刻"公众号为例，它推送的内容有很多都是以讲故事的形式呈现的，而且短小精悍，情节丰富。如图1-21所示是该公众号发布的一篇名为《父母在，人生尚有来处；父母去，此生只剩归途》的文章，内容看似平淡却饱含深意，给读者留下了深刻印象。

图1-21　《父母在，人生尚有来处；父母去，此生只剩归途》的内容

第一章　初步认识，快速入门

小而精美，并不是说文案只能短不能长，主要是因为长篇幅的文案往往容易让读者失去阅读的耐心，同时还耗费时间和精力。如果一篇文案能够做到言简意赅、重点突出，那么就堪称完美了。

第 2 章

做好定位，轻松创作

> **学前提示**　新媒体文案创作的最终目的是实现商业变现，赚取利益。但是在变现之前，平台方需要做的就是引流。而要做好引流工作，首先要有一个清晰的定位，这样才能为后续的吸粉引流和商业变现打下良好的基础。

- 内容定位，成功秘诀
- 读者定位，明确用户
- 方向定位，突出亮点
- 品牌定位，易于推广
- 价值定位，吸粉关键
- 目标定位，坚定信念
- 缺陷定位，取长补短

2.1 内容定位,成功秘诀

所谓"内容定位",即企业新媒体平台能够提供给用户什么样的内容和功能。在运营过程中,关于平台内容的定位这一问题需要做好3个方面的工作。

2.1.1 洞悉内容,把握方向

洞悉内容的发展方向是平台内容供应链初始时期的工作,是做好内容定位的前提和准备。也就是说,通过最初的初始化阶段的内容构建,从而形成整体内容框架,以便填充文案的核心内容部分。其中,关于整体内容框架,笔者建议从两个方面着手,即内容的架构和要注意的问题,具体分析如图2-1所示。

图2-1 新媒体文案的整体内容框架分析

2.1.2 展示整合,优质推送

在内容定位中,还应该了解运营阶段的内容展示方式。在打造的优质内容的支撑下,怎样更好地展示平台内容,逐步建立品牌效应,是实现平台影响力扩大的重要条件。关于平台内容的展示方式,一般分为4种,如图2-2所示。

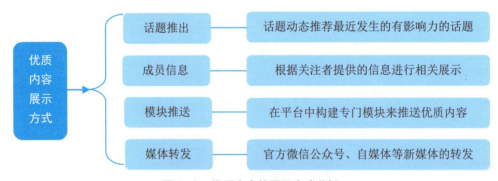

图2-2 优质内容的展示方式分析

在内容展示过后,接下来更重要的是要了解内容的整合方式,以便集结同类优质内容。具体来说,内容整合的方式有3种,如图2-3所示。

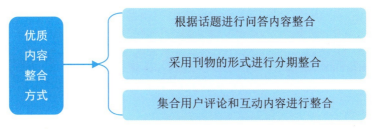

图 2-3 优质内容的整合方式分析

2.1.3 积极互动，增加信任

除了应做好初始阶段和运营阶段的内容定位，还应该懂得宣传阶段的内容定位，即怎样进行平台内容互动的问题。

企业与用户进行交流，更有利于新媒体平台内容的传播，用户的接受能力也更强，从而加深用户对新媒体平台的信任度和支持度。在明确内容的互动方式的内容定位过程中，需要把握几个关键点，如图 2-4 所示。

图 2-4 把握平台内容互动方式的关键点分析

2.2 读者定位，明确用户

在企业的新媒体文案写作中，确定目标用户是其中至关重要的一环。而在进行平台的用户定位之前，首先应该做的是了解平台和文案内容针对的是哪些人群，它们具有哪些特性等问题。

2.2.1 用户特性，精准分析

关于用户的特性，一般可细分为属性特性和行为特性两大类，具体分析如图 2-5 所示。

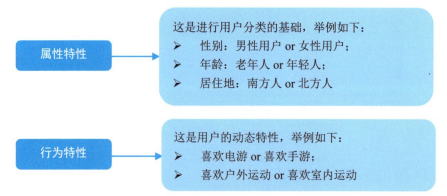

图 2-5　平台用户特性分类分析

2.2.2 数据分析，行为分类

通过市场调研的多种方法来收集和整理平台用户数据，再把这些数据与用户属性关联起来，如性别、年龄段、收入、地域和使用设备等，绘制成相关图谱，就能够大致了解用户的基本属性特征。如图 2-6 所示为某产品的用户年龄段分析。

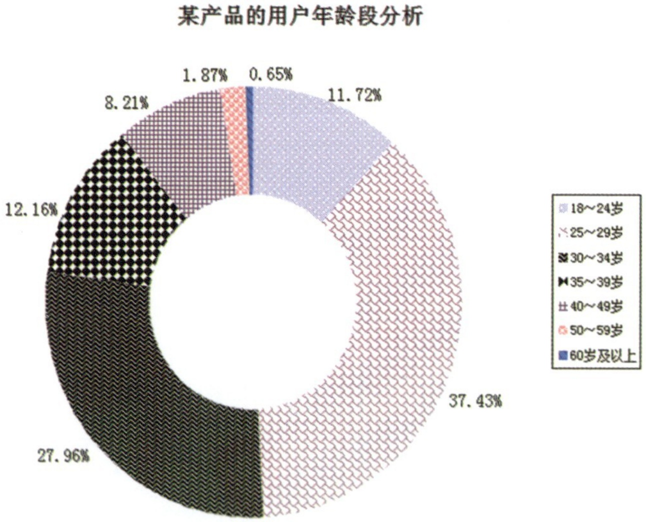

图 2-6　某产品的用户年龄段分析

获取了用户的基本数据和基本属性特征后，就可以对其属性和行为进行简单分类，并进一步对用户进行标注，预估用户的阅读量和活跃度等，以便在接下来的用户画像过程中对号入座。

2.2.3 用户画像，对号入座

利用上述内容中的用户属性标注，从中抽取典型特征，完成对用户的虚拟画像，构成平台用户的各类角色，以便进行用户细分。

用户画像通过大数据处理方式，为运营者提供了更便利、更精准化的数据结果。让运营者在投放广告、投放平台内容的时候，能够准确地捕捉用户的心理，将他们想要的信息投放出去，满足他们的需求。

2.3 方向定位，突出亮点

在新媒体文案写作之前，首先应该确定的是，自身内容投放的平台是一个什么类型的平台，以此来决定平台的基调。平台的基调主要包括5种类型，分别是学术型、媒体型、服务型、创意型以及恶搞型。

2.3.1 特色定位，差异分析

在做好平台特色定位时，应该根据自身条件的差异选择具有不同优势和特点的平台类型。平台类型主要可分为两类，即自身有足够影响力的平台、足够特别和另类的平台，具体分析如图2-7所示。

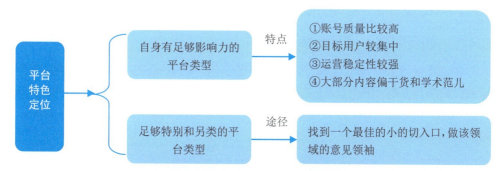

图2-7 平台特色定位分析

在新媒体运营中，企业、机构和个人平台运营者主要可通过网红、90后创业奇才、行业意见领袖、BAT背景以及学术范围5种途径更好地实现运营推广。

2.3.2 功能规划，确定基调

在定位平台、选择平台类型的同时，还应该对平台的自定义菜单进行相应规划，以便能够清楚地告诉用户"平台有什么"。对自定义菜单进行规划，究其实质，就是对平台功能进行规划，可以从目标用户群体维度、用户使用场景维度、用户各项需求维度、平台所具有的特性维度4个维度进行思考和安排。

值得注意的是，做好平台定位是非常重要的，要慎重对待，因为只有做好了平台的定位，并对其基调进行了确定，才能做好用户运营和内容运营策略，最终促成新媒体文案更快、更广泛地扩散。

2.4 品牌定位，易于推广

新媒体文案作者要想进行文案的推广运营，那么如何给自己的平台账号取一个合适的名字是一个不可避免的问题。合适的名称将会给文案的推广带来很多便利，主要有3点好处，如图2-8所示。

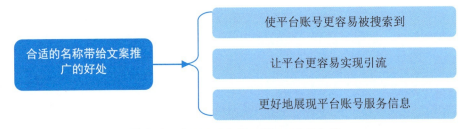

图2-8 合适的名称带给文案推广的好处

那么，商家或者个人如何才能给自己的平台账号取一个最适合的名称，为运营打下良好的基础呢？本节将从取名技巧和取名雷区两个方面为读者进行讲述。

2.4.1 如何取名，高手支招

新媒体账号的名字很重要，它决定了留给用户的第一印象。一个好的名字会给平台带来更多的用户，可以说其名字就如同实体店的名字，要想让用户记住自己的店铺，就必须在取名上下功夫。下面笔者为大家介绍几种常见的取名方法，如图2-9所示。

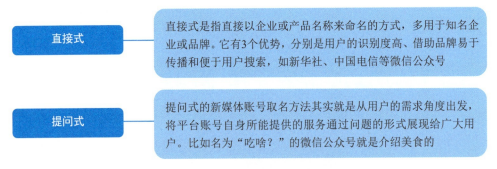

图2-9 常见的新媒体账号取名方法

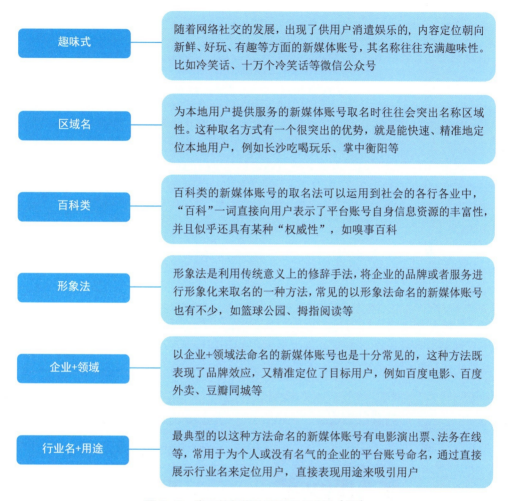

图 2-9 常见的新媒体账号取名方法（续）

2.4.2 取名雷区，有效避免

各大企业或者个人在给自己运营的新媒体账号取名的时候，需要注意的是，千万不可为了过分追求特别、引人注目而犯下取名时应该避免的错误。经过笔者的综合分析，以下几点是取一个合适的新媒体账号名称不可踩的雷区，具体分析如图 2-10 所示。

| 没有搜索关键字 | 商家在给自己创建的账号取名的时候,特别要注意的一点就是关键词。没有关键词的账号名称,不容易被搜索群体发现,其曝光度就会很低,从而影响订阅者的数量 |

| 名称中有生僻字 | 名称中有生僻字会影响账号的搜索率。大部分搜索者在搜索时不会去搜索那些有生僻字的新媒体账号,而且字太生僻难免会出现大众不认识的情况,并且太生僻了也不容易让人记住 |

| 使用火星文、符号 | 名称中尽量不要出现火星文和符号之类的字眼。一是火星文、符号出现在新媒体账号中难免会给人一种不太靠谱的感觉;二是火星文要打出来也会比较困难,且比较难记住 |

图 2-10　新媒体账号取名时不可踩的 3 个雷区

2.5　价值定位,吸粉关键

你能为读者带来什么样的价值,是文案成功的关键因素。下面将围绕"胡华成"微信公众号中的文案《头条号运营:我总结了 10 条,人人都可以成为百万大号的秘诀》进行介绍,文案内容如图 2-11 所示。

图 2-11　"胡华成"公众号的文案内容

在价值方面,胡华成这篇文案很好地把握了文案的重点和核心——为大家分享头条运营的干货。而在干货技巧的呈现方面,该篇文案不仅为读者提供了运营方面的建议,还从实际操作方面解析并总结了 10 条能够让读者实际操作的实用技巧。

这些实用技巧也是该篇文章能为读者带来的最大价值,而且由于作者本人在今日头条中所具有的粉丝数量是比较可观的,读者会认为这是很有借鉴价值的运营技巧。如果公众号能够分享这类对读者有益的知识技巧,那么这个公众号在读者心中就会被定义为一个实用型的公众号,并且会对该公众号有更多的关注。

2.6 目标定位,坚定信念

没有目标的努力注定是白费力气的。只有确立了目标,并为实现目标付诸实践才能更容易获得成功。新媒体人的文案创作和广告推广等运营项目也无一不是如此。因此,在进行运营之前,新媒体人应该清楚地知道自己运营账号最终的目标是什么,这样才能有努力的方向和坚持下去的信念。

关于账号的目标,以"LOGO 大师"微信公众号为例进行介绍,该公众号对自己的目标定位非常清晰,它将自己的平台定位为高端标志设计,并将其业务领域细分为 4 个方面,具体内容如图 2-12 所示。

图 2-12　公众号"LOGO 大师"

关于账号的目标,"LOGO 大师"微信公众号是做得比较成功的,它确定了多个方面的目标。

- 从对外的目标来看,它致力于与读者共享和为读者贡献最全面、最深入的 LOGO 设计案例。
- 从对内的目标来看,它又可以分为多个层次,主要是致力于 LOGO 定制、品牌设计、策略创新、年度代理这 4 个方面,其次是打造了 LOGO 设计领域有较强大影响力的新媒体大号,构建 IP 形象,最终在积累足够数量的粉丝的基础上，实现了粉丝和流量变现。

2.7　缺陷定位，取长补短

参与过新媒体账号运营的人都知道，其运营过程不可能是一帆风顺的，总是会遇到各种各样的困难，这是不可避免的。而在进行账号定位的时候，新媒体账号创建者却可以找准自身的不足，通过做好更好、更全的准备，弥补自身的运营短板，以克服运营过程中遇到的困难。

例如，"LOGO大师"微信公众号，在创建时就清楚地了解自身的优势——有专业的LOGO设计团队，存在技术优势。同时，该公众号也认识到自身的缺点和不足，如LOGO设计的受众不多就是其中之一。

要想长久地吸引大量粉丝的注意力，就需要将LOGO设计变成一个人人都感兴趣的领域，这是一个亟待解决的问题，也是自身需要补充的短板。为了解决这一问题，该公众号在创建之初就准备了一些对策：如公众号在设计LOGO的同时，还推出了自己设计的一些独特的表情包，并开辟了一个下载表情包的专栏，吸引了更多其他领域的用户，如图2-13所示。

图2-13　LOGO设计网站

在后续的运营过程中，该公众号借助表情包下载专栏获得了大批读者的青睐，这样既帮助运营者获得了较大的流量，也让读者收获了一些有趣的表情包。

第 3 章

10 种形式，玩转文案

> **学前提示**
>
> 在这个传播手段日益进步的社会，不管是线上还是线下的企业，都会用文案对企业的产品进行推广和营销。文案的形式不是单一的，而是多种多样的，不同的文案形式能够起到不同的营销效果，因此掌握不同的写作技巧是很有必要的。

- 创意文案，热点思维
- 促销文案，简单直白
- 悬念文案，吸引眼球
- 广告文案，引领消费
- 新闻点缀，润色文案
- 写好故事，贴近内心
- 逆向思维，多维挖掘
- 情感文案，以情动人
- 恐吓文案，吸引注意
- 病毒文案，极速传播

3.1 创意文案，热点思维

随着科技的不断进步，人们开始追求有趣的、好玩的以及没见过的事物，希望每天都能有不同的创意围绕在身旁，那样才不会觉得生活枯燥、单调以及乏味。如果撰写出让人们感到惊喜的创意文案，那么就很有可能吸引更多的读者和粉丝，使得文案中推销的产品和服务大卖。如图 3-1 所示为网易云的创意广告文案。

图 3-1 网易云的广告文案

该广告文案直接采用网易云用户的评论作为广告，既省去了做文案的时间成本，又能与用户产生共鸣，加上纯红色的底色，让人们能很容易联想到网易云 APP 的颜色。网易云投放广告的场地是在人来人往的地铁上、地铁入口处等，广告面积非常大，分布也非常广泛。这样的推广效果完全不亚于许多广告反反复复播放的效果，而且广告内容新颖有趣，不会让读者觉得厌烦。该广告一出来就上了微博热搜，也进一步印证了该文案的成功。

网易云的文案偏向于创意和文艺，针对的人群大多是年轻一代，因此文案的风格也是按照大部分年轻人的喜好设计的。纯红色的背景、富有深意的歌曲评论都是其创意所在。

创意一个比较灵活的东西，一般它不会自动出现在文案撰写者的脑袋中，而是需要创作者主动去挖掘，下面就来讲几个挖掘创意灵感的方法。

3.1.1 制造新闻，实现营销

新闻在人们的生活中已经属于必不可少的内容，企业要学会制造新闻，如年终年会、年底座谈会、经销商大会、知名人士到访以及企业领导参加知名活动等，这些事件都可以作为制造新闻的素材。只要文案中所写的是真实的，就可以算得上是一篇新闻创意式文案了。

制造新闻创意式文案，不仅可以提升产品的曝光率，还可以塑造企业品牌的美誉度。只要保证新闻创意式文案是真实可靠的，那么实现营销目的也就不在话下了。

3.1.2　搬出数据，增强力量

数据类创意文案，从总体上来说，和其他文案的写作方式是一样的，不过从细节上看，它也有属于自己的写作特点，主要有如图3-2所示的3点。

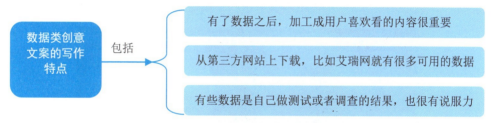

图3-2　数据类创意文案的写作特点

此外，撰写数据类创意文案还可以通过搜索相关关键词的方式，收集一些有用数据，然后对其进行分析，之后再在这些数据的基础上进行整理和加工。在文案中可以通过插入数据、图片以及图表等方式为产品做宣传。这样的话，创意文案写起来会比较快，并且会具有很强的说服力。

3.1.3　讲述故事，引人入胜

企业可以利用故事进行创意大爆发，故事可以从公司产品、企业家本人、消费者、企业活动以及员工生活等方面着手。只要用心关注国内外的热点事件，带着行动目标去想如何讲故事，那么故事创意文案就可以"出炉"了。

此外，创作者还可以编出一个凄美的爱情故事、励志的奋斗故事以及悲惨的人生经历等，只要把自己的产品贴切地融入故事中，就能收到一定的效果，下面就来欣赏一篇创意小故事。

老公刚到家门，突然听到有男人打呼噜的声音，男人在门外犹豫了5分钟，默默离开，给老婆发了条短信："离婚吧！"然后扔掉手机卡，远走他乡。

三年后，他们在另一座城市偶然相遇，妻子流泪："当年为何不辞而别？"男人简述了当时的情况。妻子转身离去，淡淡地说："那是瑞星杀毒软件！"

这篇文案通过"老婆出轨""丈夫远走他乡"以及"三年后相遇"等关键词，

来推出原来是"瑞星杀毒软件"引起的误会。如此创意十足的文案,让人捧腹大笑的同时,也记住了该产品。

企业在利用热点事件进行创意思维时,一定要关注最近的热点事件,把自己的产品与热点相结合,这样才能快速地吸引人们的眼球。

3.1.4 同行竞争,巧妙借势

拿竞争对手造势的意思是将矛头指向竞争对手,从而显示出自己的优势,就如一直被炒得沸沸扬扬的百事可乐与可口可乐之战,那可谓真正是相互之间的互呛。

如图 3-3 所示为百事可乐拿竞争对手借势的创意广告。在百事可乐广告文案中,小男孩踩着可口可乐去拿百事可乐,暗指可口可乐只配当垫脚石。

图 3-3　百事可乐拿竞争对手借势的创意广告

而可口可乐也不示弱，在广告中，也让小男孩踩着百事可乐去拿可口可乐，并且抓住百事可乐广告中最后遗留在地上的可口可乐的"漏洞"，让小男孩把百事可乐放回原处，暗指我的用户就是比你的有素质，如图 3-4 所示。

图 3-4　可口可乐拿竞争对手借势的创意广告

此创意式文案非常有针对性，同时也是营销的一种手段，各大品牌之间的"文案大战"，让读者直呼"过瘾"，脑洞大开的文案真的不一般。众多的创意文案引发了读者围观热议，成为人们茶余饭后的谈资。

3.2　促销文案，简单直白

促销文案，从字面来看，就可以知道是一种直白的推广方法。而且对于这种形式的文案而言，越直白越好。它是企业用得比较多的一种文案营销方法，也是比较经典的一种营销手段。

一般来说，促销文案可以分为纯文字和"促销标签＋图"两种形式，下面具体介绍它们的不同之处。

3.2.1 文字文案，信息强大

纯文字的促销文案比较常见，它主要凭借文字向读者推荐品牌的特色、发展历程以及卖点等信息。

如图3-5所示为某微信公众号发布的一篇直白的促销文案，以各个感觉器官为切入点，为读者推荐香水、耳机等，是一种比较新颖的促销方式。

图3-5　纯文字的促销文案案例

3.2.2 促销标签，更加直观

"促销标签+图"的促销文案，是指在产品或活动的图片上，搭配一些促销标签如"全场包邮""周末五折"等。这种文案通过"攀比心理""影响力效应"等因素来吸引受众的注意力。如图3-6所示为"促销标签+图"的促销文案案例。

这篇文案是"促销标签+图"的典型案例，以"周末"为中心，突出"五折""19.9元"等字眼。同时，还制造了一种紧张氛围，让受众看到文案后禁不住心动，这就是促销文案的魅力。

直接简单的促销文案拥有变现的神奇力量。那么，在打造这样的文案时，应该怎么做呢？是不是简单地陈述事实即可呢？实际上，无论是创作纯文本形式的促销文案,还是打造"促销标签+图"的促销文案,都需要掌握如图 3-7 所示的 5 点技巧。

图 3-6 "促销标签+图"的促销文案案例

图 3-7 撰写促销文案的技巧

撰写促销文案的技巧:
- 懂得抓住节假日的气氛
- 根据活动内容确定文案的主题
- 理清文案的大致结构,条理清晰
- 针对客户群体的需求撰写促销文案
- 不要虚假宣传,一定要遵循实事求是的原则

专家提醒

除此之外,在撰写促销文案时,还要注意两点:一是可以适当加入一些创意,二是要让读者感到自己赚到了、物超所值,并且通过适当加点时间限制的方式,促使有购物需求的读者产生紧迫感。

3.3 悬念文案，吸引眼球

悬念文案，顾名思义，就是通过设置悬念来引起读者的注意。首先是提前设置好问题，让读者自行猜测、关注以及讨论，然后等到时机成熟再抛出答案，属于自问自答式文案。

3.3.1 设置悬念，引起好奇

悬念文案在各种各样的场景都会出现，不管是主打文字销售的微信公众平台，还是致力于销售商品的电商平台，都会应用到悬念文案。

如图 3-8 所示为"book face"公众号上的一篇题为《没有激光的古代，美人都用什么来祛斑？》的文案。这个标题一开始就设置了悬念，勾起读者的好奇心，紧接着，就会点击文案进行阅读。在阅读的过程中，读者就会发现，作者会一步一步地给出答案，同时向读者推荐一些商品，促使读者产生购买欲。

图 3-8 《没有激光的古代，美人都用什么来祛斑？》文案内容

悬念文案不仅可以有效地吸引读者的眼球、提升文案的浏览量，而且还可以趁势推销相应的产品，在帮助读者解决问题的同时获得收益，两全其美。

3.3.2 悬念吸粉，技巧助力

广告悬念式软文思维优势十分明显，那么，究竟要怎样才能写出一篇打动人心的悬念式软文呢？笔者认为，掌握如图 3-9 所示的 6 点技巧即可。

专家提醒

在这个快消费时代,充满耐心的阅读已经不常见了,尤其是在阅读广告时。悬念文案的好处在于成功地利用读者的好奇心理,戳中痛点。如果想把一篇悬念文案打造成功,就要学会提炼一到两个关键点,一点一点地给出关键信息,让读者去猜测,最后作出解答。

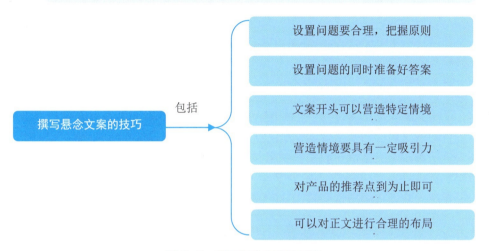

图 3-9 撰写悬念文案的技巧

3.4 广告文案,引领消费

广告文案比较有说服力,是文案中广告性质较浓厚的一种,一般由专门的撰稿人负责组织撰写。它的特征在于投入资金少、吸引消费者目光、增强产品销售量以及提高产品美誉度。

这种广告文案能够通过自身的魅力和特点,吸引读者的眼球,从而进一步引导其产生购买行为。

一般来说,广告文案除了发布在各大权威的网站,还会发布在报刊上。很多企业经常会把优秀的广告文案投放到报纸上。但是在投放时需要遵守如图 3-10 所示的 3 点原则。

在广告文案写作技巧方面,是采用点列式还是一大段式,要根据作者的文字功底而定。若是文笔欠佳,推荐采用点列式写出产品卖点。广告文案的主要任务是引起读者内心购买的冲动,所以最后一段需要再次强调商品特有的销售点、价格优势或者赠品。那么,在撰写广告文案时,究竟应该怎么做呢?

本节将从如何"讨好"搜索引擎、如何加入图片元素增加阅读量、如何让文案引导消费、如何展现差异、如何有效传播品牌以及其中的一些注意事项6个方面来呈现广告文案如何引领消费。

图 3-10　投放在报纸中的广告文案需要遵守的原则

3.4.1　完善搜索，提升排名

下等文案，写出来是给自己看的；中等文案，有了针对的目标对象；上等文案，针对的是目标对象与搜索引擎的"蜘蛛"。

众所周知，文案除了吸引消费者关注的直接目的以外，还有一个提升搜索引擎排名的间接作用。所以，企业文案中提到商品时，需要有完整名称出现至少 2～4 次，从而方便搜索引擎蜘蛛的读取。

3.4.2　图文并茂，效果显著

长篇大论的文字描述，语言再生动形象，也比不过图文并茂的解说。许多企业对于广告文案都有误解。要知道，广告文案不是写作文。

广告文案的要点在于吸引读者的眼球，将之转化为顾客。因此，相比较于令人头疼的大段文字，图文并茂的效果反而更好。在文案中配上一两张形象的图片，加上到位的图片描述，阅读量会远远高于纯文字式文案。

3.4.3　诱人文案，引导购买

经常购物的人都有这样的体验，进入实体店中，本来只是想买一双鞋，结果经过销售员天花乱坠的描述和推荐，你自己都不知道怎么回事，就买了衬衣、裤子、毛衣和外套等回家了。

这便要归功于实体店销售员精彩的话术了。销售员会通过引导，让顾客把消费目标转移到销售员最想要销售的商品上，而非顾客想要购买的商品。如果文案写得好的话，也是可以达到这样的效果的。

3.4.4　实事求是，成功利器

在写文案之前，可以想一想，自己的产品或者企业有没有得到过什么奖？企业品牌是不是有名气？是不是行业中的销售冠军？是哪个网站网友口碑最佳的商品？哪个当红名人代言过这个商品？这个商品有没有绝对的价格优势？等等。

理清思路后，再把有效的信息写入文案中——不管文案撰写者功力如何，只要商品或者企业有任何的优势和特点，都可以写在文案当中。

3.4.5 谨慎细致，传播品牌

撰写电子商务产品的广告文案时，就相当于建立一个销售页面数据库，也等同于录了一段推销该商品的影片。一篇优秀的文案，能够为企业吸引数百流量，且有助于产品的销售。值得注意的是，优秀的文案还可以得到不止一次的传播，从而使得企业的品牌或者产品也得到更好的传播。

3.4.6 应时而动，展现差异

电视广告在不同时机有不同的广告进行轮换，以防止观众的审美疲劳。文案自然也应该针对不同的阶段，撰写不同的版本。

电商的不同阶段包含有上架前、新品上市过程中、商品热销中、热度褪去时以及清仓甩卖时等。不同时期，可以撰写不同的文案。这些差异化的文案，有利于营造卖场销售气氛，优化商品的销售结果。

广告文案比较常见，特别是在各大电子商务网站上。如图3-11所示为"一条"公众号发布的一篇关于隐形眼镜的广告文案。

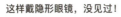

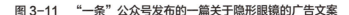

图3-11 "一条"公众号发布的一篇关于隐形眼镜的广告文案

这篇文案的特色比较明显,一是图文并茂,文案简洁有趣;二是列出了这款产品的优点,吸引读者注意力,为后面的销售做好铺垫。

3.5 新闻点缀,润色文案

新闻文案,指的是以新闻的大致套路,从不同的角度传递经营理念、品牌理念以及产品特点。撰写文案可以巧妙地通过重点新闻事件为文案增色,不仅可以顺利地吸引读者的注意力,而且对引导市场消费也有所帮助。

3.5.1 规避问题,掌握方法

新闻文案创作,指的是通过新闻媒体的口吻进行文案的撰写,但需要注意如图 3-12 所示的两点问题。

图 3-12 撰写新闻文案需要注意的问题

这样一来,文案的效果会更靠谱,用户的关注度也会更高。那么,我们应该如何制造新闻或寻找新闻呢?其实很简单,只要有一颗善于发现的心,那么新闻文案自然而然就能"出炉"了。如图 3-13 所示为制造新闻的 4 种方法。

图 3-13 制造新闻的方法

如果想通过新闻文案推出产品,最好是自己一马当先,主动出击,进行报道。这样不仅节省了时间和精力,引起广大读者的注意,而且还可以使得各大媒体心甘情愿、争先恐后地帮企业做宣传。

此外,在撰写新闻文案时,还要注意不要走入一些常见的误区,以免影响文案的效果和质量。这些误区包括如图 3-14 所示的 3 点。

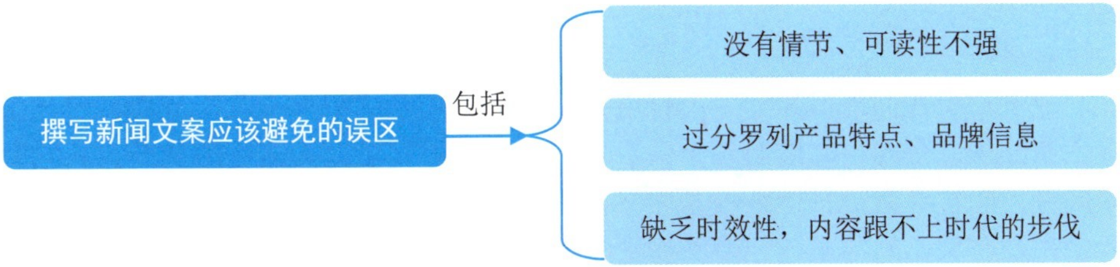

图3-14 撰写新闻文案应该避免的误区

3.5.2 案例展示，轻松模仿

以微信公众号"北方小孩"发布的一篇题为《奔跑吧，华为！万亿资金支持你》的文案为例，这就是典型的新闻文案。如图3-15所示为文案的部分内容展示。

图3-15 新闻文案的部分内容

这篇文案以"华为"为出发点，成功地掌握了新闻时事吸睛的诀窍，广泛吸引了读者的注意力。而标题中所蕴含的鼓励语气也能引发读者共鸣，让他们忍不住想要去阅读，从而增加文章的点击量。

文中并没有过多地提到"这些书有多么值得购买"，而是客观地透过华为和5G牌照引导读者反思时代问题，然后将问题牵引到碎片化阅读上。这时，推销书籍变成了一种解决时代问题、提升认知的方式，读者会在进行反思的同时产生认同心理并购买该公众号所推荐的书籍，公众号也达到了帮助商家推销产品的目的。

3.6 写好故事，贴近内心

故事对于人们来说是一个怎样的存在呢？我们小时候就喜欢听故事，长大了喜欢看故事。因为小时候听着千奇百怪的故事，所以会对故事中的情节、人物有所向往，而长大后则开始在故事中领悟到人生哲理。不同的人生阶段，故事对于我们来说有着不同的意义，但不容置疑的是，人人都爱听故事。

3.6.1 抓住读者，无形推销

故事永远都是人们所热衷的，写出一篇好的故事文案，就能抓住读者的心，赢得他们的认可，从而促进产品的销售。

以微信公众号"十点读书"发布的《曾国藩给女人的 24 个人生大智慧，30 岁后一定要逼自己读懂》为例，如图 3-16 所示，就是一篇富有创意的文案。

图 3-16 "十点读书"公众号发布的富有创意的文案内容展示

文章的开头以曾国藩的故事为切入点，看起来与广告完全没有关联，但随着故事的不断深入，笔触开始自然而然地向广告方面延伸，最后向读者推荐了"听读书怪才解读曾国藩，收获最宝贵的人生经验"的付费课程。这虽然是一篇文案，但在文案的前半部分完全看不出推销产品的痕迹，这就是故事文案的高明之处，能让产品在无形之中得到推销。

为了让读者更好地写出故事文案，笔者总结了故事文案的 3 个特点，具体如图 3-17 所示。

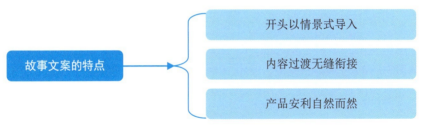

图 3-17 故事文案的特点

3.6.2 塑造故事，技巧助力

在打造故事文案的时候，最重要的是学会如何讲故事。故事好听、好看，但不一定好讲，很多人对于故事津津乐道，但如果让他们写出一个人人都爱听的故事，可能比较困难。而勇于面对困难，向读者讲一个好听、爱听的故事，正是新媒体文案撰写者要努力做到的。

专家提醒

故事文案是很多文案撰写者都会用到的一种形式，它的优点数不胜数，最主要的是容易将读者带入到情境之中，使得文案更加有代入感。当然，想要创作出优秀的故事文案也不是那么轻而易举的。

一个好的故事文案，不仅要有情节、有创意，还要能打动人心、引起共鸣，最好是能有效提升产品的销售量，推广品牌形象。那么，一篇成功的故事文案究竟应该如何打造呢？笔者将其写作技巧总结为如图 3-18 所示。

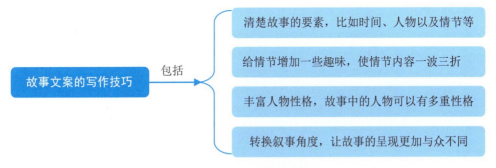

图 3-18 故事文案的写作技巧

此外，如何在故事之中嵌入品牌和产品信息也是一个关键点，要学会找准时机，将产品的相关信息不着痕迹地融入文案中，从而在潜移默化中推广产品和品牌。如果是一篇 1000 字左右的文案，产品及品牌信息出现的次数应保持在 3 次以内。

3.7 逆向思维，多维挖掘

逆思维文案，就是在构思时，让大脑朝着正常思维的对立面思考，从不同的思维角度进行较为深刻的挖掘，从而找到新的突破点。

3.7.1 对立思考，与众不同

怎样才算是"反其道而思之"呢？就拿照相来说，一般人们喜欢在摄影师按下快门之前，为了让摄影师把自己拍得美美的，就把眼睛睁得很大，可由于拍照时，人们往往在等摄影师喊："一！二！三！"但坚持了半天之后，恰巧在"三"字上坚持不住了，而闭上眼睛，就造成了不能一次成品的状况。所以一个英国摄影师换了一个思路。他请照相的人们先闭上眼，听他的口令，同样是喊："一！二！三！"，但在喊"三"字时一齐睁眼。结果，一次成品照片冲洗出来一看，一个闭眼的也没有。

因此，逆向思维就是不走寻常路，给读者呈现与众不同的文案，带给读者非同一般的阅读体验。下面就来欣赏一篇"简书"上的逆思维文案，如图3-19所示。

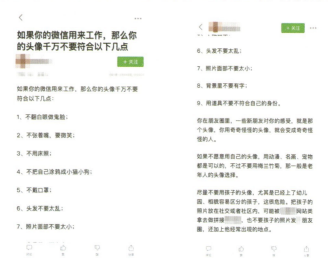

图 3-19 逆思维文案

大多数文案都会从正面来介绍用来工作的微信头像应该符合怎样的标准，但这篇文案反其道而行之，从相反的角度进行介绍，告诉读者用来工作的微信头像千万不要符合以下几点，实际上也是可以达到同样的效果的。

3.7.2 转换角度，把握技巧

逆向思维实际上就是换个角度看事物，不同的角度看法不一样，写出来的文案也会拥有截然不同的风格。那么，在撰写这样的文案时，应该怎么做呢？笔者总结的技巧如图 3-20 所示。

图 3-20　逆思维文案的写作技巧

3.8　情感文案，以情动人

"情"之一字，自古以来，文人骚客对它进行了尽情的描述，已成为一个亘古不变的话题。在新媒体行业，"情"同样备受瞩目和欢迎，一直被人们所看重，并利用"人同此情"的认识心理而感动了千千万万的读者。

特别是在销售产品时，消费者购买商品不仅仅看重数量、质量以及价格，而且还看重感情的诉求和心理的认同，这种独特的消费方式可以称为感性消费。

感性消费是以自己的直观感性情绪为基础的，这种类型的消费者一般会比较关注精神方面的感受。对他们而言，情感文案是很有感染性的，往往能起到较为理想的效果。

3.8.1　4 个方面，挖掘情感

在撰写这种类型的文案时，不仅要在文案中巧妙地宣传产品，还要给文案增添情感色彩，如此才能引起读者产生情感的共鸣。那么，能够打动人心的情感应该从哪些方面挖掘呢？如图 3-21 所示。

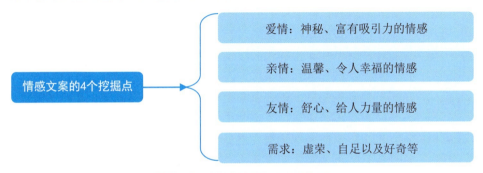

图 3-21　情感文案的 4 个挖掘点

3.8.2 彰显特色，获得共鸣

情感文案最为显著的特点就是生动感人，一篇优秀的情感文案内容，能够做到动之以情，以情动人，从而得到广大读者的青睐，传播到更广的地方。

以快看 APP 的推广文案为例，它的文案走得就是情感路线，通过青春、奋斗等元素来引起大多数奋斗的创业者的共鸣。

如图 3-22 所示为"快看"APP 的创始人陈安妮发布的一篇题为《对不起，我只过 1% 的生活》的情感文案。

图 3-22　《对不起，我只过 1% 的生活》情感文案内容

这篇情感文案的特色主要有 3 点，首先它是以漫画的形式进行故事讲述的，这一点恰好可以与它要推广的 APP 的主要功能联系起来。

其次作者情感的出发点是很巧妙的，这个故事乍看起来只是作者的创业故事，但其中置身大都市的迷茫和无措的情感以及梦想难以实现的经历，与许多读者都是相通的，这一点就很成功地引发了广大读者的共鸣。

最后它的推广方式很特别，她在漫画中写道："我也很清楚，看完这篇漫画的，只有 1% 的人会搜索下载它，支持我们"，这样的短短一句话很成功地引起了读者的怜悯，加上前文的多次铺垫，进一步渲染了情感，能让更多的用户去下载"快看"APP。

陈安妮的这篇文案的推广效果是显而易见的，这篇文案一经出现便获得了巨大的转载量,为其 APP 的推广助力颇多。因此,我们也可以很明确地看到情感文案所具有的优势——情感文案很容易引起广大读者的情感共鸣,从而得到更广泛的传播,产品的植入也是毫无痕迹,悄无声息的。

3.9 恐吓文案,吸引注意

恐吓文案也称为"反情感文案",由此可知,它恰好与情感文案相反,情感文案是比较正面、乐观的,而恐吓文案则不同。其表达形式一般都是"你正走向死亡的边缘!""洗血洗出一桶油""一天睡不好,等于三天衰老"以及"天啊,骨质增生害死人!"等类型,以警告的形式,引起读者的注意。

3.9.1 警告、恐吓,掌握套路

恐吓文案一般都采用警告、恐吓等方式来展示,主要目的是为了吸引读者的注意。如图 3-23 所示为恐吓文案的典型案例。

图 3-23 恐吓文案的典型案例

从这篇恐吓文案中可以看出,一般标题都会比较夸张,如"会老 10 岁",这显然就有点夸张的成分。而正文一般就会循序渐进,提到为何会出现如此严重的情况,应该如何解决,这就是恐吓文案的基本套路。

3.9.2 把握限度,适当创新

那么,恐吓文案一般是怎么打造的呢?在撰写恐吓文案时又应该注意哪些问

题呢？下面一一来讲述。

首先是恐吓文案的写作技巧。情感文案是比较好把握的，只要抓住 4 个感情点就行了，而恐吓文案的撰写似乎没有那么容易。具体来说，我们可以从如图 3-24 所示的 3 个方面去构思、去撰写。

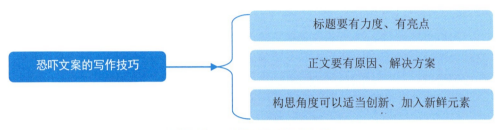

图 3-24　恐吓文案的写作技巧

再就是在撰写恐吓文案的过程中，不能一味地追求效果而忽略其中的细节，那么，我们应该注意哪些问题呢？笔者将其总结为如图 3-25 所示内容。

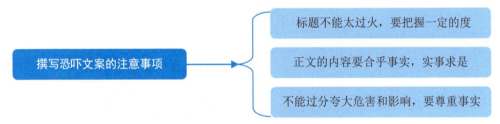

图 3-25　撰写恐吓文案的注意事项

3.10　病毒文案，极速传播

我们正处于一个信息大爆炸的时代，每个人每天接触的信息不计其数，这其中能被记住的信息寥寥无几，广泛传播的信息更是少之又少。那么，究竟哪些内容或者哪些字眼可以吸引读者的注意力呢？

打造病毒文案的关键是迅速找到制造病毒的方法，一篇病毒文案产生的营销效果往往是不可估量的，因为它往往能够传播得比较广泛，让更多的潜在读者接触和阅读。那么，应该如何找到那些比较实用的"病毒制造"的文案引爆点呢？下面详细介绍 5 个打造病毒文案的实用技巧，具体内容如图 3-26 所示。

同时，在打造和发布病毒文案的过程中，还可以与各种不同形式的活动相结合，从而进一步引爆病毒文案的关键点。此外，还可以通过发挥大众的媒体力量来继续扩大病毒文案的传播范围。

以微信公众号"华为花粉俱乐部"为例，它是一个为华为粉丝推荐华为产品的账号，它发布的文案的一个重要特征就是会加入一些实际的优惠，如图3-27所示。

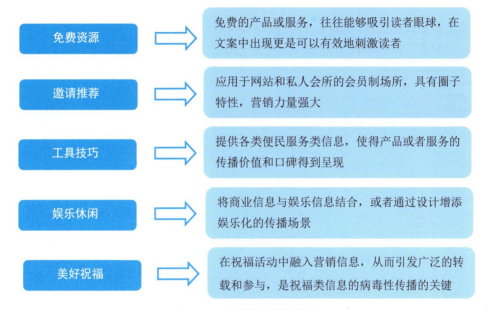

图3-26 打造病毒文案的技巧

图3-27 "华为花粉俱乐部"微信公众号发布的内容

该篇文案在分享华为 P30 新功能的同时，还在文案的末尾突出展示了留言抽奖活动的信息,吸引更多的读者持续关注微信公众号并且留言,从而达到推销产品、赚取利润的目的。

"华为花粉俱乐部"微信公众号推送的文案之所以突出并呈病毒式传播,一方面是因为在文案当中加入了抽奖等具有实际利益的信息,另一方面是它为华为粉丝提供了华为手机功能的解读。

专家提醒

病毒文案之所以能够被广泛地传播开来,是多方面的原因构成的,当然,有时候一两个原因也可以呈病毒式传播,主要是看有没有找到引爆点。

创作篇

第 4 章
写好标题,抓住眼球

学前提示　标题是衡量一篇文案好坏的重要依据,因此新媒体文案撰写者要想真的做好新媒体内容,写出更多爆文,首先就需要给每篇文案取一些能够吸引用户点击阅读的标题。本章笔者主要介绍拟写爆文类标题的注意事项,以及一些爆款文案标题的类型。

- 打造标题,至关重要
- 标题要点,5 大方面
- 迎合需求,引爆流量
- 拟写标题,掌握门道
- 标题撰写,6 大误区

4.1 打造标题,至关重要

要想给文案取一个好的标题,新媒体文案撰写者首先要清楚标题的作用,因为只有清楚了标题在整篇文案中所占有的分量,大家才能更加认真地对待给文案取标题这件事。

相信大家在浏览各种文案的时候,都免不了被一些文案的标题所吸引,然后点开文案阅读。先不说这些文案内容质量的高低,仅凭它能吸引浏览者点进去阅读这一点,这篇文案就成功了一半。

对于新媒体文案撰写者来说,能让浏览者点击发布的文案,就相当于获得了一定的阅读量、点击量,而阅读量与点击量对新媒体运营来说,在一定程度上就意味着财富。

文案标题的好坏,在今日头条平台上显得尤为重要。因为据众多在今日头条上推送文案的新媒体人反映,该平台文案阅读量的多少,在很大程度上是由文案标题的好坏决定的。

一个好的文案标题,主要具有提炼文案内容、引发读者阅读欲望、增加点击率以及获得更多人气这 4 个方面的作用。

4.2 标题要点,5 大方面

一篇文案,最先吸引浏览者的是什么?毋庸置疑是标题,好的标题才能让浏览者点进去查看内容,才能从浏览者变为读者。因此,拟写文案的标题就显得十分重要。而掌握一些标题创作技巧也就成了每个新媒体内容运营者必须要掌握的核心技能。

本节将为大家介绍拟写标题的一些相关事项。而拟写标题的这些相关事项,不论是在撰写微信公众平台文案时,还是在撰写今日头条、一点资讯等媒体流量平台文案的标题时,都是用得上的。接下来本节将从爆文标题的拟写原则、爆文标题的主旨、关键字、风格以及字数要求 5 个方面来为大家讲述。

4.2.1 拟写标题,4 大原则

衡量一个新媒体文案标题的好坏,不仅仅要看它是否有吸引力,还包括其他的一些原则。只有在遵循这些原则的基础上撰写的标题,才有可能成为爆文标题。这些原则具体如下。

1. 换位原则

新媒体文案撰写者在拟定文案标题时,不能只站在自己的角度去想要推出什么,更要站在读者的角度去思考。也就是说,应该将自己当成读者,如果你想知

道这个问题，你会用什么搜索词进行搜索这个问题的答案。这样写出来的文案标题就会越接近读者心理，文章搜索排名也就会越靠前。

因此，新媒体文案撰写者在拟写标题前，可以先将有关的关键词输入搜索浏览器中进行搜索，就会发现许多读者提出的关于各种各样的问题的文案，然后从排名靠前的文案中找出标题写作的规律，再将这些规律用于自己要撰写的文案标题中。

2. 新颖原则

新媒体文案撰写者如果想要让自己的文案标题形式变得新颖，可以采用多种方法。那么，文案撰写者应该如何让文章的标题变得更加新颖呢？笔者在这里介绍几种比较实用的标题形式。

- 文案标题写作要尽量使用问句，这样能引起人们的好奇心，比如"谁来'拯救'缺失的牙齿？"这样的标题会更容易吸引读者。
- 文章标题创作时要尽量写得详细、细致，这样才会有吸引力。
- 要尽量将利益写出来，无论是读者阅读这篇文案后所带来的利益，还是这篇文案中涉及的产品或服务所带来的利益，都应该在标题中直接告诉读者，从而增加标题对读者的影响力。

3. 收录原则

一篇文案如果想要发挥价值，首先必须得被网站收录。只有被收录的文案才有被传播的可能。存在自己电脑里的文案，是没有任何价值可言的。

一个好的文案标题才能够让网站收录，因此新媒体文案撰写者就一定要根据网站收录原则最重要的一点——原创，对自己平台上的文案的标题进行全新创作。在新颖的同时，还要与事实、热点、流行语建立联系，这样才能被网站快速收录。

新媒体文案撰写者在进行标题写作的时候，可以先将写好的文案标题放到网上去查一下，如果搜索到很多类似的标题，那就要考虑换一个说法了。

4. 关键词组合原则

通过观察，可以发现能获得高流量的文案的标题，都是拥有多个关键词并且进行组合之后的标题。这是因为只有单个关键词的标题，它的排名影响力不如多个关键词的标题。例如，如果仅在标题中嵌入"面膜"这一个关键词，用户在搜索时，只有搜索"面膜"这一个关键词，文案才会被搜索出来，而标题上如果含有"面膜""变美""年轻"等多个关键词，则用户在搜索其中任意关键词的时候，文案都会被搜索出来，标题"露脸"的机会也就更加多了。

4.2.2 涵盖文章，凸显主旨

俗话说："题好一半文。"它的意思就是说，一个好的标题就等于一半的文案内容。衡量一个标题好坏的方法有很多，而标题是否体现文章主旨就是衡量标题好坏的一个主要参考依据。

如果一个标题不能够做到在读者看见它的第一眼就明白它想要表达的内容，由此得出该文案是否具有继续阅读下去的价值，那么读者在很大程度上就会放弃阅读这一篇文章。这一点对于爆文标题来说，更加需要注意。

那么，文案标题是否体现文章主旨这一衡量依据，将会造成什么样的结果呢？具体分析如图 4-1 所示。

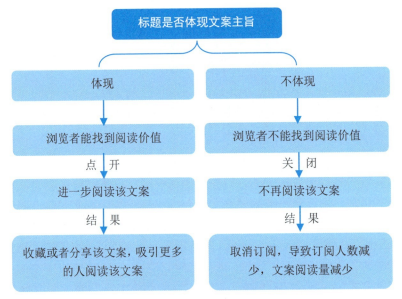

图 4-1 标题是否体现文案主旨将造成的结果分析

经过分析，大家可以直观地看出，文案标题是否体现文案主旨给新媒体文案带来很大的差异，会影响新媒体内容运营的运营效果。所以，新媒体文案撰写者想要让自己的文案成为爆文的话，在取文案标题的时候一定要多注意文案的标题是否体现了其主旨。

4.2.3 掌握词根，增加曝光

笔者在前文中介绍标题应该遵守的原则时，曾提及写标题要遵守关键词组合的原则，这样才能凭借更多的关键词增加文案的"曝光率"，让自己的文案出现在更多读者的面前。在这里笔者将给大家介绍如何在标题中运用关键词。

总的来说，新媒体文案除了给已经关注的读者阅读外，另一个目的是为了吸引那些潜在的阅读者。

因此，在进行文案标题编写的时候，撰写者需要充分考虑怎样去吸引那些潜在的阅读者。而要实现这一目标，就需要从关键词着手。而要在标题中运用关键词，就需要考虑关键词是否含有词根。

词根指的是词语的组成根本，只要有词根我们就可以组成不同的词。新媒体文案撰写者在标题中加入有词根的关键词，才能将文案的搜索度提高。

例如，一篇文案标题为"十分钟教你快速学会手机摄影"，那这个标题中"手机摄影"就是关键词，而"摄影"就是词根，根据词根我们可以写出更多的与摄影相关的标题。

4.2.4　风格统一，题文一致

新媒体文案撰写者在给文案取标题的时候，还需要考虑到标题与自己平台整体的风格是否统一、搭调。标题与平台整体风格的统一与否，会影响到读者对新媒体账号的整体评价，以及订阅者浏览、阅读文章时的阅读感受。

举个例子，当你订阅了一个以传播搞笑视频、话题、笑话为主的、整体形象类似于嘻哈风的小青年型的微信公众号时，但你看见该公众号每天推送的文案标题都是正经型的，而且文案的内容用字遣词都是正儿八经的，如同一位西装革履的白领一样，非常正式，相信大部分订阅者都会产生一种别扭的、自己是不是点错了公众号的感觉，时间一长可能就会忘记该公众号的存在，或者立刻就取消关注了。

4.2.5　控制字数，摘取重点

在新媒体平台不断发展的情况下，标题的字数也有着向越来越多的方向发展的趋势。那么，这一趋势对文案来说，是否符合其发展规律和有着社会适用性呢？要知道，过犹不及，新媒体文案标题也是如此。对于各大新媒体平台的文案标题来说，在一个适度范围内的标题字数才能更吸引读者。也就是说，文案的标题字数应该限制在一定的范围内。

就人们的阅读习惯和平台的运行方式来说，假如文案的标题超过3行，在大多数情况下，读者是不会去点击阅读的。

在智能手机品类多样的情况下，不同型号的手机显示的文案标题行数也是不一样的。一些图文信息在自己手机中是一行，但在其他型号的手机中可能就是两行了。在这种情况下，标题中的有些关键信息就有可能隐藏起来，不利于读者了解文案的描述重点和对象。因此，在拟写标题的时候，应该保持文案标题的字数无论在什么样的手机上显示的都是一行。

因此,在拟写标题时,在重点内容和关键词的选择上要有所取舍,把最主要的内容呈现出来即可。

4.3 迎合需求,引爆流量

爆文标题能成功地吸引到读者的一个重要原因,就是能满足读者的需求。好标题可以满足读者的窥探需求、怀旧需求、娱乐需求、被关注的需求、价值需求等。本节笔者将会对这些需求进行分析,帮助读者如何利用好这些心理,让文案的浏览量增长有质的飞跃。

4.3.1 满足窥探,产生联想

人们有时候很矛盾,不想让自己的秘密、隐私被人知晓,但是又会有窥探他人或者其他事物的秘密的欲望。因此,新媒体文案撰写者在编写文案标题的时候,可以适当地利用人们的这种窥探秘密的欲望,写出能够满足读者窥探心理需求的标题,从而吸引读者点开文章进行阅读。

能够满足读者窥探需求的文章标题,它通常会让人产生一定的联想,如图 4-2 所示的文案标题,当读者看到"为什么高铁不用安全带?原因竟然是……""火烈鸟那么红,是因为吃了……"这样的标题时,就会开始产生疑惑和猜想,最终会因为想要一探究竟而点开文章。

图 4-2 能满足读者窥探心理需求的文案标题

4.3.2 追忆往昔，引发共鸣

很多人都有怀旧情结，对于以往的岁月都会去追忆一下。童年的一个玩具娃娃、吃过的食品看见了都会忍不住感叹一下，发出"仿佛看到了自己的过去！"的感言。人们对于那些追忆过往的文章会禁不住想要点开看一眼，所以平台文章的编辑者可以写一下这种能引起人们追忆往昔情怀的标题，满足读者的怀旧心理需求。

能满足读者怀旧心理需求的文章标题，在文字上大多都会有一些代表年代记忆的字眼，如图4-3所示，这两篇文章中就包含了"80年代""那些年"这样的怀旧字眼，让人倍感亲切。

图4-3 能满足读者怀旧心理需求的标题

4.3.3 轻松幽默，娱乐读者

现如今，大部分人有事没事都会掏出自己的手机看看，逛逛淘宝、浏览微信朋友圈、关注的公众号信息寻求乐趣，以满足自己的娱乐需求。相信大部分人会点开新媒体平台上的各种各样的文章，都是出于在无聊、消磨闲暇时光中给自己找一点娱乐的目的。

那些以传播搞笑、幽默的内容的文案比较容易满足读者的娱乐需求，如冷笑话、幽默与笑话集锦这一类公众号。这一类文章标题给读者的感觉就是比较开心、愉快的。如图4-4所示的两篇文案都属于轻松娱乐类型的，文案轻松简短，阅读起来毫不费力。

图 4-4 能满足读者娱乐需求的文案标题

4.3.4 给予关怀，俘获读者

在这个车水马龙、物欲横流的社会，大部分人都为了自己能过上更好的生活而在努力奋斗着或者漂流在异乡，与身边人的感情也都是淡淡的，生活中、工作上遇到的糟心事也无处诉说。渐渐地，很多人养成了从文字中寻求关怀与安慰的习惯，当他们看见那些传递温暖的、含有关怀意蕴的文案时，都会忍不住点开阅读。

因此，新媒体文案撰写者在拟写标题时，便可多用一些能够温暖人心、给人关注与关怀的词语，满足读者的被关怀需求。能够满足读者被关怀需求的文案标题，一定要是真正发自肺腑的情感传递，最好文案内容也充满关怀，这样才能让读者不会感觉被欺骗。如图 4-5 所示的文案标题都含有"善待自己""对自己好一点"等字眼，能满足读者的被关怀需求。

图 4-5 能给予读者关怀的文案标题

4.3.5 注入价值，主动扩散

有一部分人在浏览网页、手机上各种新闻的时候，抱有可以通过浏览文章学到一些有价值的东西、扩充自己的知识面、增加自己的技能等目的。因此，文案撰写者在拟写标题时，就可以将这一因素考虑进去，让自己拟写的标题给读者一种能够满足价值需求的感觉。

这种能满足读者价值需求的文案，只要读者阅读之后觉得真的有用，就会自动地将文案传播开来，让身边更多的朋友知道。能满足读者价值需求的文案标题，在标题上就可以看出文案中所蕴藏的价值。如图 4-6 所示的这两篇文案的标题，就直接表明了它们能够给予读者的价值，一个是关于 Excel 的实用技巧，另一个则是身份证的法律常识。

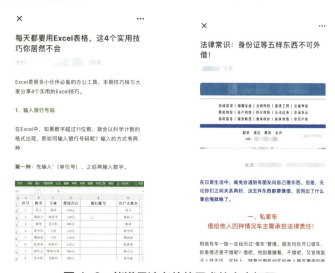

图 4-6　能满足读者价值需求的文案标题

4.3.6 抓住好奇，营造神秘

大部分人都是充满好奇心的，对于那些未知的、刺激的东西都会有一种想要去探索、了解的欲望。

新媒体文案撰写者在拟写标题时就可以抓住读者的这一特点，将标题写得充满神秘感，满足读者的好奇需求，这样就能够吸引更多的读者阅读，阅读的人越多，文案被分享与转发的次数也就会越多。

这种能满足读者好奇需求的文案标题都是带一点神秘感，让人看了之后觉得就可以了解事情的真相。如图 4-7 所示的两篇文章分别利用了揭露生活和新闻真相的方式成功地引起了读者的好奇与关注。

图 4-7 能满足读者好奇需求的文案标题

4.3.7 击中情感，打动读者

大部分人都是感性的，容易被情感所左右，这种感性不仅体现在真实的生活中，还体现在他们看见倾注了感情的文案中。这也是很多人在看见有趣的文案时会捧腹大笑、看见感人的文案时会心生怜悯甚至不由自主落下泪水的一个原因。一个成功的文案标题就需要做到能满足读者的情感需求，打动读者，引起读者的共鸣。

以微信公众号标题为例，如图4-8所示为"短文学"公众号（左）和"好梦夜听"公众号（右）推送的能满足读者情感需求的文案标题。这两篇文案分别利用了"青春""爱情"的情感切入点来唤起读者的情感需求。

图 4-8 能满足读者情感需求的文案标题

4.3.8 利益挂钩，满足私心

人们总是会对和自己有关的事情多上点心，对关系到自己利益的消息多点关注，这是人类很正常的一种行为。文案标题满足读者的私心需求，其实就是指满足读者的关注与自己相关事情的行为。

新媒体文案撰写者在拟写标题的时候，就可以抓住人们的这一需求，将文案标题打造成这种类型的，引起读者的关注。但是需要注意的是，如果一篇文案写了这样的标题，文案中的内容就要是真的能与读者的实际利益有关，不能让它没有任何实际价值。

因为如果每次借用读者的私心需求来引起读者的兴趣，可实际上却没有满足读者的需求，这样的标题用得多了，读者就会对这类文案标题产生免疫，在看见标题的第一眼就知道文案的内容没有任何价值。

如图 4-9 所示为"靖江视野"公众号(左)和"福音之门"公众号(右)中推送的能满足读者私心需求的文案标题。

图 4-9 能满足读者私心需求的文案标题

4.4 拟写标题，掌握门道

要做好新媒体文案，学会拟写文案标题是非常有必要的。有吸引力的标题才会给新媒体带来更多的读者和流量。那么如何写出有吸引力的文案标题呢？接下来，笔者将为大家介绍 7 种爆文标题。

4.4.1 专家口吻，提升权威

"导师型"爆文标题，是指新媒体文案撰写者在写标题的时候，以拥有资深经验的学者或者专家的形象来表达文字的内容。采用这种方法写出的文案标题，会给人比较专业、靠谱的感觉。

新媒体文案撰写者如果要采用导师法拟写文案标题，那么就一定需要掌握以下几种类型的标题。

1. 观点型

所谓的"观点型"标题，是以表达观点为核心的一种标题撰写形式，一般会在标题上精准到人，会将人名放置在标题上，在人名的后面会紧接着对某件事的个人观点或看法。下面就来看几种"观点型"标题的常用公式。

- "某某认为＿＿＿＿＿＿＿＿"
- "某某称＿＿＿＿＿＿＿＿"
- "某某指出＿＿＿＿＿＿＿＿"
- "某某资深＿＿＿＿＿＿＿＿，他认为＿＿＿＿＿＿＿＿"

这种"观点型"的标题，是相对来说很容易出爆文的一种标题类型，尤其是借鉴了他人（特别是名人）的观点或看法的标题。所以，新媒体文案撰写者可以尝试着多用这种类型的标题。

2. 经验型

"经验型"标题是一种很受读者宠爱的文案标题，因为读者阅读新媒体文案都带有一种向文案取经的目的，想在文案中吸取某一方面的经验与总结，以达到提高自身能力的目的。如图4-10所示的两篇文章都是作者以自身的知识经验来向读者传授相关领域的技巧和经验。

这种"经验型"文案标题，对撰写者的逻辑思维要求很高，而且需要注意的是，如果文案使用了"经验型"的标题，那么其内容就必须具有一定的权威性以及学术性，至少需要经验性较强，切忌出现大量的抄袭，或者是出现了一些在网站上到处都能找到的内容。

3. 指导型

所谓"指导型"标题，就是针对某一个具体的事情，给出一定的解决问题的建议、方法。这类标题会扣上"怎样""某某的养成之道""更简单某某之道"之类的字眼，这一类标题能吸引大部分的新人或者对未知领域感兴趣的读者的目光。

运营者在编写时，要注意内容的专业性，广告插入要适当，排除硬性广告植入的情况发生；不要产生直接复制粘贴别人文案的行为，这样即可编写出一个优秀的"指导型"标题。

图 4-10 "经验型"文案标题

4. 励志型

"励志型"标题,实际上就是文案撰写者从自身或者他人的角度出发,以现身说法的方式来讲述一个故事,从而达到吸引读者的目的。

如今很多人都想把某一件事做成功,可却苦于没有将想法付诸行动的动力,此时给他们看励志型的新媒体文案——让他们知道他人是怎样打破困难的阻碍,走上人生巅峰的。读者对他人的故事都会感到特别好奇,从而使这个标题的结构看起来很诱惑人。

现身说法标题模板有两种:一种模板为"_____ 是如何使我 _____ 的。"例如:"3 个减肥方法是如何在 3 个月内使我从一个体重达 180 斤的胖妹成为 90 斤的苗条女郎的"。

另一种模板为"我是如何 _____ 的"。例如:"我是如何从一个摄影小白变成摄影高手的"。

新媒体文案撰写者在写"励志型"文案标题的时候,并不一定要按照模板来写。只要将文案标题写得真正能点燃读者的激情、达到阅读文章的目的即可。

5. 鼓舞型

"鼓舞型"标题是用鼓动性的词句,号召人们快速作出决定的标题。此类标题,文字都会比较有感染力,能给读者传递一种鼓舞的力量,且便于记忆,使消费者易于接受宣传的鼓动,产生参与活动的行为。"鼓舞型"标题在文学修辞上要积极向上，同时也要注意不要让读者有被强迫的感觉，所以在撰写的时候，遣词用句要适当。

4.4.2 夸张夺目，引起窥探

新媒体文案撰写者在拟写标题时，想要让自己的文案成为爆文，那么就可以采用夺目型的方法，让标题看来比较不可思议，给人以夸张的感觉，从而吸引人们的注意力，让人产生强烈的一窥究竟的欲望。

以下几种类型的标题，都可以称作是采用夺目型的爆款标题，新媒体文案撰写者如果想要让自己的文案成爆文，那么就需要掌握以下几种标题类型。

1. 警告型

"警告型"标题是一种既有力量又严肃的标题，说得通俗一点，就是用标题给人以警醒作用，"警告型"标题通常是指将警告事物的特征、警告事物的功能、警告事物的作用3部分内容移植到新媒体文案标题中。

如图4-11所示的两篇文案标题，就分别利用了"千万不要""危险"这样带有警告意味的词语，让文案标题更有震慑力，而读者也会出于一种想要规避风险的心理点开文案。

图4-11 "警告型"文案标题

"警告型"标题，常以发人深省的内容、严肃深沉的语调给读者以强烈的心理暗示，尤其是警告型的新闻标题，常常因有提醒、警示、震慑的作用而被很多新媒体文案撰写者所追捧和模仿。

2. 数字型

"数字型"标题是指在标题中嵌入具体的数字,因为数字通常能给读者带来直观的影响,一个巨大的数字能使人们产生心灵的触动,很容易让人产生惊讶的感觉,人们一般都会通过数字,想要得知数字背后的内容。如图 4-12 所示的两篇文章的标题都出现了"1000 万""90000"这样比较巨大的数字。

图 4-12 "数字型"文案标题

4.4.3 含蓄内敛,引起好奇

含蓄型的爆文标题,是指新媒体文案撰写者在写标题的时候,不直接明了地将文案要传达的内容在标题上表达出来,而是通过一些暗示或者提示进行文案标题创作的方法。

撰写者如果要采用含蓄法拟写文案标题的话,那么就必须掌握以下几种类型的标题。

1. 悬念型

悬念型标题,是指将文案中最能够引起读者注意的内容,先在标题中做铺垫,在读者心中埋下疑问,引起读者深思,从而去阅读文章内容。

采用悬念型标题的文案,在人们的日常生活中运用得非常广泛,也非常受欢迎。人们在看电视、综艺节目的时候,也会经常看到一些节目预告之类的广告,这些广告就会采取这种悬念型的标题引起观众的兴趣。

悬念型标题的主要目的是增加文章内容的可读性,因此新媒体文案撰写者需要注意的一点是，用了这种类型的标题后，那么一定要确保文章中的内容确实是能够让读者感到惊奇、有悬念的，不然就会引起读者的失望与不满，从而就会让读者对自身新媒体账号产生质疑，影响其在读者心中的地位。

撰写者在设置悬念型标题前，需要将答案设置好，然后根据答案来设置悬疑标题，不能只做"标题党"，要做到文案内容能符合标题情况，给读者一个满意的阅读体验。

2. 隐喻型

隐喻型标题，是指在文案标题中采用比喻的手法进行创作的一种标题。这种方法能够使文案标题更加新颖、更具创意，从而能给读者留下深刻的印象，引起读者阅读的兴趣和好感。

隐喻型标题，借助读者本身的知识、修养、情操等，在撰写文案标题时发挥一定的想象，以此来提高读者的意境。如图4-13所示的两篇文案标题中的"滑铁卢"和"七宗罪"，就分别隐喻了西班牙留学生在职场中遭遇挫折和文案写作过程要注意的七大注意事项。

图4-13 "隐喻型"文案标题

3. 问题型

问题型标题是以提问的形式将问题提出来，读者可以从提出的问题中知道文章内容是什么。一般来说，问题型标题有几种公式，新媒体文案撰写者只要围绕这几种公式撰写即可：

- "什么是_____"

- "为什么＿＿＿＿＿"
- "怎样＿＿＿＿＿"
- "＿＿＿＿＿有哪些诀窍"
- "＿＿＿＿＿有哪些秘籍"

新媒体文案撰写者，利用这种问题型的标题，容易引起读者的好奇心，从而会增加读者点开文章的概率，因此撰写者不妨尝试着多用这种类型的标题。如图4-14所示的两篇文案都利用了提问的方式设置标题。

图4-14 "问题型"文案标题

4.4.4 "体"字标题，4大类型

实用的新媒体文案标题除了上述几种类型外，还有"体"字型的。接下来笔者将为大家介绍多种"体"字型的爆文标题，帮助大家创作出更多好标题。

1. 急迫体

很多人都会或多或少有一点拖延症，需要在他人的催促下才会愿意动手做一件事。"急迫体"文案标题就有一种类似于催促读者赶快阅读的意味在其中，它能够给读者传递一种紧迫感，让读者加快阅读文案的速度。

新媒体文案撰写者在使用"急迫体"写文案标题的时候，可以加入"赶快行动、过会儿就删"等词语，让读者产生现在不看等会儿就看不了的感觉。如图4-15所示的标题中就加入了"过会就删""紧急通知"这样能让读者产生紧迫感的词语。

2. 如何体

"如何体"文案标题，是指在标题上会出现"如何"字样，这种标题能让读者一眼就能分辨出文案内容是否是自己想要的，从而决定是否继续阅读该文案。如图 4-16 所示的两篇文章标题都出现了"如何"字样。

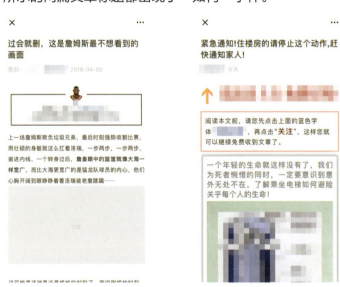

图 4-15　"急迫体"文案标题

图 4-16　"如何体"文案标题

3. 负面体

"负面体"文案标题,并不是指传播负面能量,而是指在标题上揭示大众在某件事情上遇见的困难,然后在标题上提出解决措施,用那些带有负面感的词语给读者带来思考,然后和自己的实际情况进行比较,从而引发读者想要一窥究竟的欲望。如图 4-17 所示的两篇文案标题就都采用了"失败"这样的负面字眼。

图 4-17 "负面体"文案标题

4. 福利体

"福利体"文案标题,是指在文案标题上向读者传递一种阅读这篇文案你就赚到了的感觉,让读者自然而然地想要去阅读文案。"福利体"标题类型可分为"直接福利体"标题和"间接福利体"标题。

1)"直接福利体"标题

这一种"福利体"标题,会在文章标题上直接写有"福利"二字,让读者一看就知道该文案具有福利。如图 4-18 所示,即为"直接福利体"标题。

2)"间接福利体"标题

这一种"福利体"标题,不直接将"福利"二字写在标题上,而是通过与福利一词具有相同的表达意思的其他词语,传递文章中所具有的福利。例如:实用法则、实用技巧、导航等词。如图 4-19 所示的两篇文案就是以传授相关技巧的方式来间接呈现福利的。

图 4-18 "直接福利体"文案标题

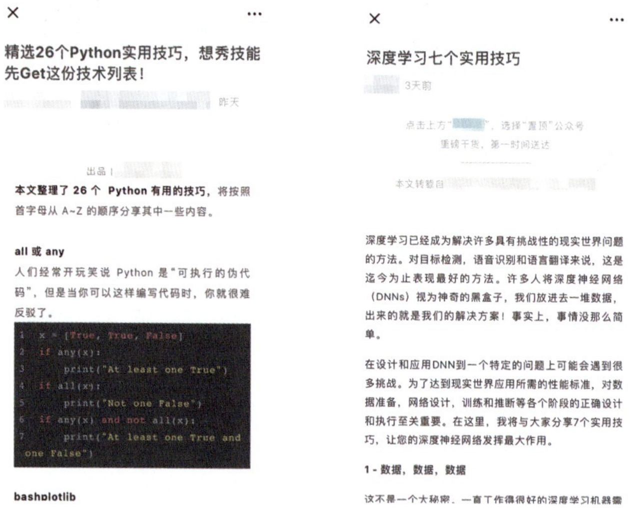

图 4-19 "间接福利体"文案标题

4.4.5 "式"字标题，3 大类型

实用的爆文标题类型除了上述几种外，还有"式"字标题，接下来笔者将为各位读者进行详细介绍。

1. 集合式

"集合式"标题是指在标题上对文案中所涉及的内容进行总结分类，并直接在标题上写出分类后的具体数字。

读者在阅读采用"集合式"标题的文案时会感觉比较直观，因为文案的标题看起来比较集中，能给读者带来较强的视觉冲击感。下面以微信公众号"手机摄影构图大全"为例，如图4-20所示，该公众号中就有很多"集合式"标题。这种标题让内容显得非常集中，读者一看就能了解到文案接下来要解说的内容。

图4-20 "集合式"文案标题

2. 半遮掩式

"半遮掩式"标题是在通过标题向读者传递文案内容的时候，只透露一点，不全说完，给读者留下一点小悬念，引起读者的兴趣又不直接告诉读者。

"半遮掩式"标题带给读者的是一种犹抱琵琶半遮面的感觉，又如雾里看花，朦朦胧胧，这样就更能引起读者继续阅读的欲望。如图4-21所示的两篇文案的标题都只把话说了一半，剩下的一半用省略号代替，标题内容看起来意犹未尽，这样更能引起读者的阅读欲望。

3. 揭露式

"揭露式"标题是指为读者揭露某件事物或人隐藏的不为人知的秘密的一种标题。大部分人都会有一种好奇心和八卦心理，而这种标题则恰好可以抓住读者的这种心理。它能给读者传递一种莫名的兴奋感，能充分引起读者的兴趣。

如图4-22所示的两篇文案，分别以揭露"唐山大地震"的真相和"炒房"的真相的方式来引起读者的好奇心，让读者因为想要了解真相而点开文案，进而达到了提升文案阅读量的目的。

图 4-21 "半遮掩式"文案标题

图 4-22 "揭露式"文案标题

4.4.6 "性"字标题，4 大类型

在介绍了"体"字和"式"字等爆文标题后，接下来将为大家介绍"性"字的爆文标题。

1. 解释性

"解释性"标题是指将标题分为两部分，在标题的前部分先给出一个总结，然后再针对这个总结进行详细的解释。"解释性"标题能够给读者一丝神秘气息，引起读者对这丝神秘气息进行探索。

2. 专业性

"专业性"标题是指在标题中嵌入某个方面的专业性词语，使文案看起来更加专业，传递专业价值。这种"专业性"标题能够吸引那些与专业名词相关的读者，从而达到精准的吸粉目的，这样得来的读者群能够给新媒体平台带来更大的价值，而且这种粉丝的追随度也会比其他的粉丝更高。

但是这种"专业性"标题相对于其他类型的标题来说，其关注度会偏低一点。因为其专业性使得其受众范围变小了。但是对新媒体文案撰写者来说，也并不是一件坏事，宁缺毋滥，就是对这种现象最好的解释。

如图 4-23 所示的两个公众号，都利用了 Linux 操作系统相关的一些专业名词，文案的专业性比较强，针对的用户群体也更为精准，即主要是针对具备一定计算机、信息技术知识的群体或者想要多了解相关方面知识的读者。

图 4-23 "专业性"文案标题

3. 趣味性

"趣味性"标题是指在标题中使用一些有趣、可爱的词语，让整个标题给人的感觉是一种轻松、欢快的。这种充满趣味性的标题会给读者营造一个愉悦的阅读氛围，即使文案中的内容是产品宣传的广告，也不会让读者很反感。

如图 4-24 所示的两篇文案的标题，就使用了"小可爱""小仙女"这样的可爱的词汇，在文案中即使是插入广告，也不会显得十分生硬，阅读的氛围也会比较轻松、愉悦。

4. 针对性

"针对性"标题是指对某一主体,为这一主体遇到的问题提供解决的方案和经验,这种标题就很容易挖掘到潜在客户。在选择想要针对的群体的时候千万要注意,自己不能将针对的目标定得太过狭窄。如果新媒体平台的目标人群本身就狭窄,但是还是可以适当地将目标扩大,只要不是偏离得太过分就没问题。

图 4-24 "趣味性"文案标题

如图 4-25 所示的两篇新媒体文案就有很明显的针对性,主要是针对创业的大学生群体和宝妈,这两类群体在人口比例中占比都是比较大的,因此文案的阅读量也有一定的保障。

图 4-25 "针对性"文案标题

4.4.7 其他类型，更多助力

除了以上几种类型标题之外，爆文类的新媒体文章的标题还有几种，接下来将为大家一一介绍。

1. 新闻式

"新闻式"标题是一种比较正规、可信的文章标题，"新闻式"标题具有一定的权威性，语言都是比较简洁、直白的，如图4-26所示，两篇文章的标题的时间、地点以及事件都直接用一句话概括，简单直白。

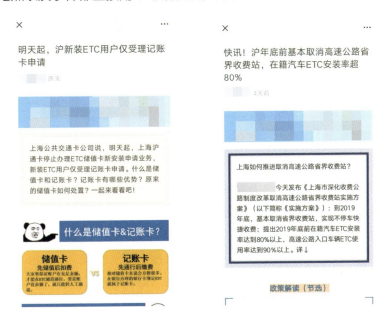

图4-26 "新闻式"标题

2. 对比式

"对比式"标题是将两种产品或者事物放在一起进行对比，从而突出一方产品或事物的优势，同时可以加深读者对该产品或该事物的印象。这是一种很实用的爆文文案标题编写的方法。

在"对比式"文案标题中，撰写者还可以加入其他类型的标题创作方法，这样能使得标题更具吸引力。如图4-27所示的两篇文案都使用了"对比""PK"的字眼，突出了对比效果。

新媒体文案撰写者在运用"对比式"标题的时候，一定要注意文中内容要与标题相符合，不能只夸自己产品的优点，一定也要指出对方产品的优点，然后再在对方优点的基础上，指出自身产品的可行之处，方能成为一篇成功的文案。

图 4-27 "对比式"文案标题

3. 白话式

"白话式"标题就是直奔主题,把文案的核心主题直接陈述出来,直接把文案想要传递的内容通过标题透露给读者。如图 4-28 所示的两篇文案标题,直接囊括了文案的内容,主题十分清晰。

图 4-28 "白话式"文案标题

新媒体文案撰写者采用"白话式"标题，既可以节省读者的浏览时间，又可以使新媒体平台要传播的内容直观地展现在读者面前，让读者能一眼识别文案中的重要信息，从而让读者阅读文案，加深对新媒体的关注。

专家提醒

"白话式"标题比较适合一些关注度高的新媒体平台的文案使用，这样才不会出现读者直接忽视该文案的情况，所以针对不知名的新媒体文案撰写者，如果想要采用"白话式"标题，则应该选用与自己的产品相符合的知名度较大的品牌和产品做标题内容的主语进行陈述，或者用热门话题进行演变，然后形成自己的标题。

4.5 标题撰写，6 大误区

在学习新媒体文案标题撰写时，写作者还要注意不要走入误区，一旦标题失误，对文案的阅读量会造成不可小觑的影响。本节将从文案标题容易出现的 6 大误区出发，介绍如何更好地打造新媒体文案标题。

4.5.1 表述含糊，增加负担

作者在撰写新媒体文案标题时，要注意避免为了追求文案标题的新奇性而出现表述含糊的现象。很多撰写者会为了使自己的文案标题更加吸引读者的目光，一味地追求文案标题上的新奇，可能导致文案标题的语言含糊其辞。

何为表述含糊？所谓"含糊"，是指语言不确定，或者表达方式或表达的含义模棱两可。在新媒体文案标题上表述"含糊"，如果只看标题，那么读者完全不知道作者想要说的是什么，会让读者觉得整个标题都很乱，完全没有重点，无从看起，从而在不经意之间增加了读者的阅读负担。

因此，在撰写新媒体文案标题时，作者尤其要注意文案标题的表达要清晰，重点要明确，要让读者在看到标题的时候，就能知道文章内容大致讲的是什么，只有这样，读者才会觉得脉络清晰，进而阅读文章内容。一般来说，要想表述清晰，就要做到找准文案重点，明确文案中的名词，如人名、地名、事件名等。

4.5.2 无关词汇，推远读者

一些文案撰写者为了让自己的文案标题变得更加有趣，而使用一些与标题没有多大联系，甚至是根本没有关联的词汇夹杂在标题之中，想以此达到吸引读者注意力的目的。

这样的文案标题可能在刚开始时能引起读者的注意，读者可能也会被标题所吸引而点击查看文章内容。但时间一久，读者们便会拒绝这样随意添加无关词汇的文案。这样的结果所造成的影响对于一个品牌或者产品来说是长久的。所以，新媒体文案作者在撰写标题时，切忌将无关词汇用到文案标题当中去。

在新媒体文案标题中容易出现的与文案标题无关的词汇，也有很多种类型，如图4-29所示。

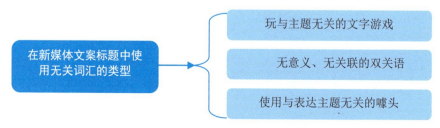

图4-29　在新媒体文案标题中使用无关词汇的类型

在新媒体文案标题的撰写过程中，词汇的使用一定要与文案标题和内容有所关联，撰写者不能为了追求标题的趣味性就随意乱用无关词汇，而是应该学会巧妙地将词汇与文案标题的内容紧密结合，使词汇和标题内容融会贯通，相互照应，只有做到如此，才算得上是一个成功的文案标题。否则，不仅会对用户造成一定程度的欺骗，也会变成所谓的"标题党"。

4.5.3　负面表达，误导读者

撰写一则新媒体文案标题，其目的就在于吸引读者的目光，只有文案的标题吸引到了读者的注意，读者才会想要去阅读文章内容。基于这一情况，也会让文案标题出现一味追求吸睛而大面积使用负面表达的情况。

人天生都愿意接受好的东西，而不愿意接受坏的东西，趋利避害是人的天性，无法改变。这一情况也提醒着新媒体文案作者，在撰写标题时要尽量避免太过负面的表达方式，而是要用正面的、健康的、积极的方式表达出来，给读者一个好的引导。例如，在表示食用盐时，作者最好采用"健康盐"的说法，如《教你如何选购健康盐》，要避免使用"对人体有害"这一负面情况的表达，才能让文案和产品更容易被读者接受。

4.5.4　虚假自夸，欺骗读者

新媒体文案撰写者在撰写标题时，虽说要用到文学中的一些修辞手法，比如夸张、比喻等，但这并不代表作者就能毫无上限地夸张，把没有的说成有的，把虚假说成真实。在没有准确数据和调查结果的情况下冒充"第一"，这在新媒体文案的标题撰写中是不可取的。

撰写者在撰写新媒体文案标题时，要结合自身品牌的实际情况，进行适当的艺术上的描写，而不能随意夸张，胡编乱造。如果想要在文案当中使用"第一"或者意思与之差不多的词汇，不仅要得到有关部门的允许，还要有真实的数据调查。如果随意使用"第一"，不仅会对自身品牌形象产生不好的影响，还会对读者造成欺骗和误导，当然，也是法律所不允许的。

4.5.5　比喻不当，产生质疑

在新媒体文案的撰写当中，经常会用到比喻式的文案标题——它能将某事物变得更具体和生动，具有化抽象为具体的强大功能。所以，采用比喻的形式撰写标题，可以让读者更加清楚地理解文案标题当中出现的内容，或者是作者想要表达的思想和情绪。这对于提高文案阅读量也能起到十分积极的作用。

在新媒体文案标题中运用的比喻，要十分注意比喻是否得当的问题。一些作者在追求用比喻式的文案标题来吸引读者目光的时候，常常会出现比喻不当的错误，也就是指本体和喻体没有太大联系，毫无相关性的情况。

在新媒体文案标题之中，一旦比喻不当，作者就很难在文案标题中达到自己想要的效果，那么文案标题也就失去了它存在的意义，不仅不能被读者接受和喜爱，还可能会因为比喻不当，让读者产生质疑和困惑，从而影响新媒体运营效果。

4.5.6　强加于人，产生抵触

强加于人，就是将一个人的想法或态度强行加到另一个人身上，不管对方喜不喜欢、愿不愿意。在新媒体文案撰写标题当中，"强加于人"就是指作者将作者本身或者某一品牌的想法和概念植入到标题之中，强行灌输给读者，给读者一种气势凌人的感觉。

当一则文案标题太过气势凌人的时候，读者不仅不会接受该文案标题所表达的想法，还会产生抵触心理——越是想让读者看，读者就越是不看；越是想让读者接受，读者就越是不接受。如此循环往复，最后受损失的还是文案撰写者自己，或者是某品牌自身。例如，《如果秋冬你只能买一双鞋，那必须是它》《今年过节不受礼，收礼只收洁面仪！》就是"强加于人"的典型标题案例。

第 5 章

爆款保障,王牌内容

> **学前提示**　对于新媒体平台的运营而言,最重要的还是文案内容的生成,也就是怎样打造差异化内容,进而赢得用户关注的过程。针对这一问题,本章将从内容形式、开头、结尾、布局和表达这 5 个方面进行论述,帮助大家更好地打造爆款文案。

- 特色多样,选对形式
- 文案开篇,捕获目光
- 完美收官,流连忘返
- 多种布局,倍增魅力
- 表达技巧,决胜平台

5.1 特色多样，选对形式

新媒体平台的文案撰写者在编辑正文的时候，其编辑的文案内容的形式可以是多样的，而且这些形式都拥有独属于自己的特色，是其他形式所不可替代的。因此，撰写者要将每种形式都掌握。

5.1.1 文字内容，质量支撑

文字式的内容形式，指的是整篇文案，除了那些邀请受众关注该新媒体平台的图片或者是文章尾部的二维码图片外，文案中要表达的内容都是用纯文字进行描述的，没有嵌入任何图片。如图 5-1 所示为新媒体平台推送的用纯文字形式来传递文案正文内容的案例。

图 5-1 文字式内容形式

这种纯文字式的正文内容形式，对文章本身的内容要求也比较高，如果质量不佳且字数偏多，就会引起受众的反感，有的受众甚至会读到一半就放弃阅读。那么，纯文字式的文章内容要达到怎样的要求才能吸引受众的眼光呢？笔者将其主要的要求总结为如图 5-2 所示的 3 点。

图 5-2 文字式文案内容的要求

文字式的内容形式虽然比较单一，但也可以通过分节、变换字体颜色等方式引起受众的注意。长篇幅的文字或多或少都会使受众产生阅读的不适感，因此，适当地对文案排版进行调整是有必要的,这也是拯救纯文字文案内容的一种办法。

5.1.2 图片内容，视觉冲击

图片式的正文指的是，在整篇文案中，其正文内容都是以图片的形式来表达的，没有文字或者文字已经包含在图片中了。这种图片式的文案内容也是比较常用的，特别是在各种促销活动中出现得比较频繁。

文案的正文内容都是通过图片的形式进行表达，有的是直接几张图片，有的则是图片中包含文字，但还是以图片为主、以文字为辅。图片式的内容形式的好处显而易见，主要是如图 5-3 所示的 3 点。

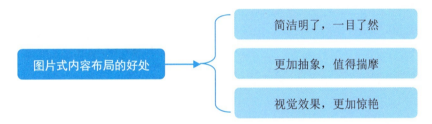

图 5-3 图片式内容形式的好处

那么，通过图片传达文案内容有什么诀窍呢？是不是直接把图片发出来就好了呢？还是要经过仔细的考虑和分析？笔者认为，图片式的文案内容形式绝不会比文字式的文案内容形式简单，具体的技巧有如图 5-4 所示的 3 点。

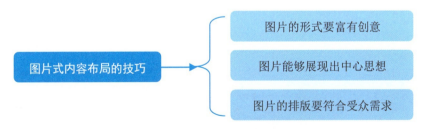

图 5-4 图片式内容形式的技巧

图片式的内容形式往往能够传达出更为直观和生动的品牌理念、产品特色以及企业文化，对于偏向商业性的文案而言，这种形式是很实用的。不仅如此，从视觉效果的角度来看，图片也更加容易被受众接受。

如图 5-5 所示就是图片式的内容形式。它的正文内容都是以图片为主，以极具创意的方式将生动的图片和精简的文字结合为一体，给受众带来一场视觉盛宴，留下极为深刻的印象。

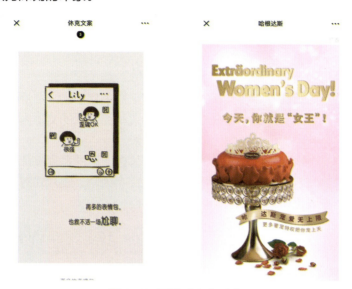

图 5-5　图片式内容形式

5.1.3　图文结合，取长补短

图文结合式，顾名思义，就是把图片和文字结合起来展示的一种形式。很多文案采用的都是图文结合式来传达正文内容。这种形式最常见，也比较实用。

新媒体平台正文的呈现形式，可以是一张图，也可以是多张图。这两种不同的图文形式，呈现出的效果也是不一样的。那么，在打造这样的内容形式时，应该掌握哪些要点呢？笔者将其总结为如图 5-6 所示的 3 点。

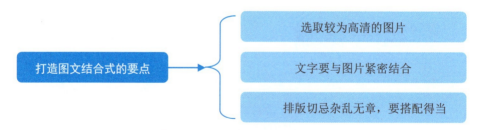

图 5-6　打造图文结合式的要点

前面提到过，图文结合式分为两种呈现形式，一种单张图片，另一种是多张图片，两种形式传达出来的效果各有千秋，下面具体介绍。

1. 单图，凸显重点

如果新媒体平台发布的是一张图消息，那么点开文案，可以看见一张图片

（插入广告显示出来的图片除外）配一篇文字，如图 5-7 所示。

图 5-7　单张图片的图文结合式

2. 多图，图文相间

如果新媒体平台发布的是多张图的消息，那么，点开文案看见的就是一篇文案中配有多张图片。如图 5-8 所示为"胡华成"公众号推送的图文相间的文案正文。

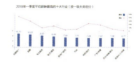

图 5-8　多张图片的图文结合式

多张图片的形式适用于展示产品、风景以及人物等内容，一张图片配一段文字，可以对图片中的内容进行介绍和讲解，让受众看得更清楚、更明白。当然，图文结合式也要注意排版的合理性，文字和图片的大小、位置要符合受众的阅读习惯。

5.1.4 视频内容，抓住眼球

视频形式的新媒体内容，是指各大商家可以把自己要宣传的卖点拍摄成视频，发送给广大用户群。它是当下一种热门的传递新媒体平台文案正文内容的形式。

相比文字和图片，视频更具备即视感和吸引力，能在第一时间快速地抓住受众的眼球，从而达到理想的宣传效果。如图5-9所示为"文案君"推送的视频内容。

图5-9 视频形式传递正文内容

关于视频内容的操作，在此以微信公众平台为例，新媒体文案作者可以将想要发布的视频上传到微信公众平台上，再保存到素材库中，然后在发布视频的时候选择"从素材库中选择"选项，或者将视频保存到电脑中，然后通过"新建视频"选项来添加视频。

5.1.5 语音内容，拉近距离

语音式的新媒体平台正文，是指文案撰写者将自己想要向受众传递的信息通过语音的形式发送到平台上。这种形式可以让受众感受到语言的力量，拉近与受众的距离，使受众感觉平台更加亲切。

在文案中插入语音内容，通常有两种形式，一种是直接推送语音内容。如图 5-10 所示为用语音形式传递文案正文内容的案例。另一种是在正文开头部分插入音频文件，如图 5-11 所示。

图 5-10　用语音形式传递文案正文内容的案例

图 5-11　在开头部分插入音频文件的案例

关于语音这一内容表现形式，新媒体平台的运营者可以先将语音录入到电脑里，然后再进行上传。

5.1.6　综合混搭，极致体验

在新媒体文案正文内容的形成过程中，利用单一的表达形式发布文案的情况比较少见，更多的新媒体账号是利用两种或两种以上形式混合的表达形式来发布文案。其实，除了上文中已经介绍的在新媒体平台上常见的图文结合式外，还可以将更多的其他类型的内容形式混搭，形成综合混搭式。

综合混合式，顾名思义，就是将上述传递平台正文的 4 种形式中的一部分综合起来，运用在一篇文案中。

这种形式可谓是集几种形式的特色于一身，兼众家之所长。这种形式能够给受众最极致的阅读体验，让受众在阅读文案的时候不会感觉到枯燥乏味。新媒体文案撰写者运用这种形式传递文案正文内容也能够为自己的平台吸引更多的受众，增加平台粉丝的数量。

如图 5-12 所示为"十点读书"微信公众号使用的综合混搭形式的文案案例。从图 5-12 中可以看出，该篇文案综合了语音、文字和图片 3 种内容形式。

图 5-12 综合形式传递文案正文内容

> **专家提醒**
>
> 需要注意的一点是,新媒体平台以综合混搭形式向读者传递正文内容并不是指在一篇文案中要出现所有的形式,而是只要包含 3 种或者 3 种以上形式就可以被称为是以综合混搭形式传递正文。
>
> 就目前而言,将每种形式都包含在一篇文案中的新媒体文案还比较少,但一篇文案中包含 3 种或者 3 种以上形式的还是比较常见的。

5.2 文案开头,捕获目光

对于一篇新媒体平台的文案来说,其开头的重要性仅次于文案标题及文案主旨。所以,文案撰写者在写文章的时候,一定要注意在开头就吸引住受众的目光。只有这样才能让受众有继续阅读下去的兴趣。本节将重点介绍 3 种开头方法,帮助大家快速捕获受众的目光。

5.2.1 5 种技巧,拿下受众

让运营者能够用一个好开头赢得受众对新媒体平台的喜爱,从而吸引到大批的粉丝和关注是文案撰写的主要目的。基于这一目的,下面介绍一下文案正文开头的 5 种写作技巧。

1. 直奔主题

直奔主题类型的文案开头,需要作者在文案的首段就要将自己想要表达的东

西都写出来，不隐隐藏藏而是干脆爽快。

新媒体平台的文案撰写者在使用这种方法进行正文开头创作的时候，可以使用朴实、简洁等能进行清楚表达的语言，直接将自己想要表达的东西写出来，不用故作玄虚。如图5-13所示的正文开头部分，作者便直接围绕标题中的"小品牌破局"提出了两个疑问，接着直接点明原因，这很显然就是一种直奔主题的写法。

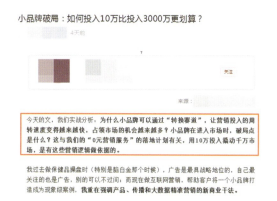

图5-13 直奔主题的开头

在使用这种直奔主题类型做正文开头的时候，要注意的是，正文的主题或者事件必须要足够吸引人，如果主题或者要表达的事件没有办法快速地吸引受众，那这样的方法最好还是不要使用。

2. 想象猜测

新媒体文案撰写者在写想象与猜测类型的正文开头时，可以稍稍运用一些夸张的写法，但不要太过夸张，基本上还是倾向于写实或拟人，能让受众在看到文案第一眼的同时就能够展开丰富的联想，猜测在接下来的文案中会发生什么，从而产生强烈的继续阅读文案的欲望。

在使用想象猜测类型的文案开头的时候，要注意的就是开头必须有一些悬念，给受众以想象的空间，最好是可以引导受众进行思考。

3. 平铺直叙

平铺直叙型也被叫作波澜不惊型，表现为在撰写正文开头时，把一件事情或者故事有头有尾、一气呵成地说出来，平铺直叙，也有的人把这种方式叫作流水账，其实也不过分。

平铺直叙型的方式，正文中使用得并不多，更多的还是存在于媒体发布的新闻稿中。但是，在新媒体平台正文的开头中也可以选择合适的时候使用这种类型的写作方法，例如重大事件或者名人明星的介绍，通过正文本身表现出来的重大吸引力来吸引受众继续阅读。

4. 幽默诙谐

幽默感是与他人进行沟通时最好的武器，能够快速搭建起自己与对方交流的桥梁，拉近彼此之间的距离。幽默诙谐的特点就是令人高兴、愉悦。新媒体文案撰写者如果能够将这一方法使用到文案的正文开头写作中，将会取得不错的效果。

在新媒体平台上，有很多商家会选择在文案中通过一些幽默、有趣的故事做开头，吸引受众的注意力。相信没人会不喜欢看可以带来快乐的东西，这就是幽默诙谐型正文开头的存在意义。

5. 引用名言

在写新媒体文案时，使用名言名句开头的文案，一般会更容易吸引受众的眼球。因此，新媒体文案撰写者在写作的时候，可以多搜索一些与文案主题相关的名人名言，或者是经典语录。如图5-14所示为文案开头引用名言的案例。

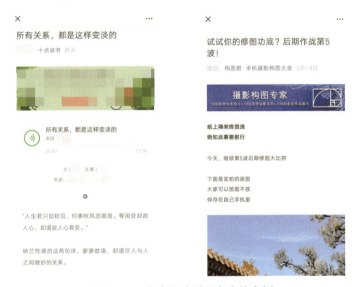

图5-14　文案开头引用名言的案例

在新媒体文案的开头，撰写者如果能够用一些简单但是精练同时又紧扣文案主题并且意蕴丰富的语句，或者使用名人说过的话、民间谚语、诗词歌赋等语句，就能够使文案看起来更有内涵，而且这种写法更能吸引受众，可以提高新媒体文案的可读性，以及更好地凸显文案的主旨和情感。

5.2.2　善用摘要，激发兴趣

在部分新媒体平台中，文案撰写者可以通过摘要内容的呈现，对整篇文案的重点内容进行提炼，从而起到激发受众阅读兴趣的作用。这部分内容对于一张图消息来说非常重要，因为发布消息之后，这部分的摘要内容会直接出现在推送信息中，如图 5-15 所示。

图 5-15　摘要内容

在编辑摘要时，要尽量简洁明了，如果摘要写得好，不仅能够激发用户对文案的兴趣，还能够激发受众第二次点击阅读该文案。

需要特别注意的是，在一些新媒体平台中，摘要是需要进行设置的。例如，在微信公众号中，没有选择填写摘要，那么，系统就会默认抓取正文的前 54 个字作为文案的摘要，如图 5-16 所示。

图 5-16　摘要的设置

5.2.3　出彩开篇，良好印象

对新媒体文案来说，正文的开头是一篇文案的一个很重要的组成部分，决定了受众对这篇文案内容的第一印象，因此要引起重视。在新媒体平台上，一篇优秀的文案，在撰写正文开头时一定要做到紧扣文案主题、陈述部分事实、语言风格吸引人、内容有创意。

如图5-17所示为某公众号发布的一篇文案。在该篇文案的开头，作者从"三观"引入，延伸到"巨人观"，然后通过其与法医的联系，借此点明法医的坚强，从而自然而然地进入文案的中心——《秦明·生死语者》。受众在看到该文案开头后，很容易便会产生共鸣，留下深刻印象，这便是一个出彩的开篇。

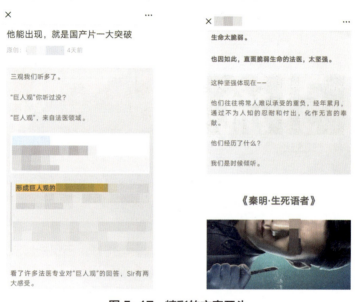

图5-17　精彩的文案开头

5.3　完美收官，流连忘返

一篇优秀的新媒体文案，不仅需要一个好的标题、开头以及中间内容，同样也需要一个符合读者需求、口味的结尾。接下来，笔者就重点为大家解读3种文案结尾技巧，让你的内容更好地被受众记住。

5.3.1　首尾呼应，引发思考

首尾呼应法，就是通常说的要在文案的结尾点题。新媒体文案撰写者在进行文案撰写的时候，如果要使用这种方法结尾，就必须做到首尾呼应——文案开头提过的内容、观点，在正文结尾的时候再提一次。

如图5-18所示为一篇以首尾呼应法结尾的题为《只有做难的事，才更容易成功》的文案。该篇文案开头的走一条"更难的道路"和"简单的道路"两种情况对比，与文案的末尾"做难的事情"和"做简单的事情"的情况对比，相互呼应。

图 5-18　以首尾呼应法结尾的文案

一般来说，很多新媒体文案都是采用"总—分—总"的写作方式，结尾大多根据开头来写，以达到首尾相应的效果。如果正文的开头文章撰写者提出了对某事、某物、某人的看法与观点，中间进行详细的阐述，到了文章结尾的时候，就必须自然而然地回到开头的话题，来一个完美的总结。

首尾呼应的结尾法能够凭借其严谨的文案结构、鲜明的主体思想给受众留下深刻的印象，引导受众对文案中提到的内容进行思考。如果新媒体文案撰写者想要受众对自己传递的信息留下深刻印象，那么，首尾呼应法则是一种非常实用的方法。

5.3.2　结尾号召，增强共鸣

新媒体文案撰写者如果想让受众加入到某项活动中，就经常会在最后使用号召法来结束全文。在很多公益性的新媒体平台账号推送的文案中，使用这种方法结尾的也比较常见。

号召法结尾的文案能够在受众阅读完文案内容后，使得受众与文案的内容产生共鸣，从而产生更强烈的加入到文案发起的活动中去的欲望。如图 5-19 所示为"年糕妈妈"微信公众号推送的一篇文章，在文案的结尾处，号召力十分明显。

图 5-19 号召法结尾的文案

5.3.3 祝福推送，传达关心

祝福法是很多新媒体文案撰写者在结尾时会使用的一种方法。因为这种祝福形式能够给受众传递一份温暖，让受众在阅读完文案后，感受到新媒体平台对其的关心与爱护，这也是非常能够打动受众内心的一种文案结尾方法。如图 5-20 所示为"十点读书"微信公众号推送的一篇使用了祝福法结尾的文案案例。

图 5-20 祝福法结尾的文案

5.3.4 激发情感,推波助澜

在用抒情法撰写文案结尾的时候,一定要将自己心中的真实情感释放出来,这样才能激起读者情感的波澜,引起读者的共鸣。使用抒情法作为收尾,通常较多地用于写人、记事、描述的新媒体文案中。如图5-21所示为"青年之声"微信公众号推送的一篇以抒情法结尾的文案部分内容展示。

图5-21 抒情法结尾的文案

5.4 多种布局,倍增魅力

在各类新媒体平台推送的文案中,不难发现,不同类型文案的布局方式也有所不同,而这种布局的不同导致呈现在用户面前的视觉排列效果也存在差异。了解并运用不同的文案布局方式,从而有利于文案撰写者打造出不同的视觉效果,增强其平台的吸引力。本节主要介绍新媒体平台推送文案的多种布局方式。

5.4.1 说好故事,拉近距离

故事式的新媒体文案正文是一种容易被用户接受的文案布局形式。一篇好的故事正文,很容易让受众记忆深刻,拉近品牌与用户之间的距离,生动的故事容易让受众产生代入感,对故事中的情节和人物也会产生向往之情。企业如果能写出一篇好的故事型正文,就很容易找到潜在客户和提高企业信誉度。

对于新媒体文案撰写者来说,如何打造一篇完美的故事文案呢?首先需要确定的是产品的特色,将产品关键词提炼出来,然后将产品关键词放到故事线索中,贯穿全文，让受众读完之后印象深刻。同时，故事类的正文写作最好满足以下两点要求，如图5-22所示。

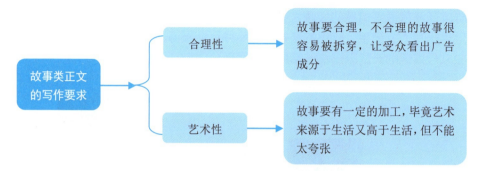

图5-22 故事类正文需要满足的要求

对于一些情感类新媒体平台来说，说好每个故事显得尤为重要。如图5-23所示为"简书"公众号的相关页面，很显然，展示的这篇转载的文案便是以讲故事的方式展开的。

图5-23 故事类正文

5.4.2 总分结构，清晰呈现

新媒体平台推送的文章中，时常会出现"总—分—总"式的布局方式。在文案营销的内容运用"总—分—总"式的布局，往往需要作者在文案的开篇就点题，然后在主体部分将中心论点分成几个基本上是横向展开的分论点，最后在结论部分加以归纳、总结和必要的引申。

下面以图解的形式介绍"总—分—总"式文案正文的写作方式,具体内容如图 5-24 所示。

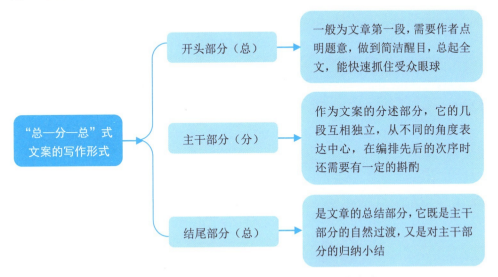

图 5-24 "总—分—总"式文案正文的写作方式

如图 5-25 所示为"餐饮老板内参"公众号发布的一篇文案,其采用的便是"总—分—总"式写作形式。

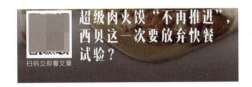

(1)"总 1"

图 5-25 "总—分—总"式写作形式

第 5 章 爆款保障,王牌内容

(2) 主干部（节选）

(3) "总2"

图5-25 "总—分—总"式写作形式（续）

5.4.3 层层递进，逻辑严谨

层递式布局，即层层递进的正文布局，其优点是逻辑严谨，思维严密，按照某种顺序将内容一步步铺排，给人一气呵成的畅快感觉。但是层层递进的正文布局的缺点也很明显——对于主题的推出不够迅速，若开头不能吸引受众，那后面的内容也就失去了存在的意义。

层层递进型的正文布局，其着重点就在于其层递关系的呈现。论述时的层递主要表现如图5-26所示。

由此可见，这种正文布局形式适合论证式的新媒体文案，层层深入、步步推进的论证格局能够增加文案的表现力。运用层递式结构要注意内容之间的前后逻辑关系,绝不可随意地颠倒顺序。层层递进型的正文布局对于说明某些问题非常有效。

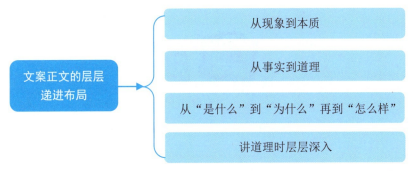

图 5-26　文案正文的层层递进布局分析

如图 5-27 所示为一个名为"果壳"的微信公众号推送的一篇论述从"是什么"到"为什么"再到"怎么办"的层递式布局正文的文案。

(1)"是什么"

(2)"为什么"

图 5-27　层递式正文写作文案

(3)"怎么办"

图 5-27　层递式正文写作文案（续）

5.5　表达技巧，决胜平台

在文案写作和布局过程中，新媒体文案撰写者想要让文案能够决胜平台，吸引众多粉丝，就需要掌握一些表达技巧。接下来为大家介绍让内容决胜的 6 个表达技巧。

5.5.1　营造场景，勾起兴趣

文案并不只是用文字堆砌起来就完事了，而是需要用平平淡淡的文字拼凑成一篇带有画面感的文案，让受众能边读文字，边想象出一个与生活息息相关的场景，这样才能更好地勾起受众继续阅读的兴趣，如图 5-28 所示。

图 5-28　拼凑阅读场景的文案正文

5.5.2 打造个性,独具特色

常言道,"文如其人",指的是作者的文章充分体现出了其性格和文化修养等方面的典型特征。这句话也从侧面证实了作者笔下的文章也是有个性的。而新媒体平台上的文案在写作和推送的过程中,需要把这种个性特征无限放大,使其清晰地展现在受众面前,这是让文案具有高辨识度的一个重要方法和途径。

如图 5-29 所示为"手机摄影构图大全"微信公众号的两篇文案正文,它充分体现出了一种相同的个性风格,很容易就能让人辨别出来。

图 5-29 "手机摄影构图大全"微信公众号的两篇文案

另外,从新媒体平台的文案感召力方面而言,基于同类人之间的人格感召力,打造独特的个性风格,无疑是吸引有着相同性格特征的人的重要力量。就如对生活充满自信和希望的人,总是乐于与乐观的人相处,而不乐于同时刻伤春悲秋和怯弱的人交谈。

当然,在打造文案独特的个性风格时,也需要注意两个方面的问题,如图 5-30 所示,才能在写作时游刃有余,又能吸引更多粉丝的注意和关注。

图 5-30 打造个性文案正文的注意事项

文案撰写者在编写正文的时候，要根据企业所处的行业，以及平台定位的订阅群体选择适合该行业的文案语言风格。合适的语言风格能给公众平台的粉丝带来优质的阅读体验。以定位为传播搞笑内容为主的公众号为例，其正文的语言风格就必须诙谐幽默，并配上一些具有搞笑效果的图片，如图 5-31 所示。

图 5-31　与平台定位相符的文案语言风格

5.5.3　举行活动，增强互动

让受众参与到平台或活动中来，能够极大地提升新媒体平台的影响力和关注度，特别是让受众投票，它不仅可以调动受众本身的积极性，还能使其成为传播源，吸引更多的粉丝。

关于投票能够促进用户的参与感的提升这一问题，可以从 3 个方面来思考，如图 5-32 所示。

图 5-32　投票提升用户参与感的表现分析

以微信为例，在其平台运营中，各种各样的投票层出不穷，如为偶像投票、为参赛作品投票等。这样的投票活动，是一种制造话题点和关注点的有效方法，能很好地让受众参与并融入其中，积极关注活动的进展情况，并为活动扩大影响力提供支持。如图 5-33 所示为微信平台上的投票活动信息的推送。

图 5-33　微信平台活动投票

在投票这一过程中，文案撰写者可以在后台把其程序设置成关注新媒体账号后才可以投票。这样做可以吸引大量受众的朋友成为关注者，最终实现帮助平台吸粉的目的。

5.5.4　直呈福利，吸引受众

从文案的实质来说，它是用于推送企业产品或品牌信息的，所有与文案相关的活动，都要围绕这一目的展开。文案中关于企业产品福利活动的推送也是如此。因此，新媒体文案撰写者应该尽可能便捷、迅速地把意思清楚地传达给受众，才能达到预期的推送效果。

因此，在推送福利信息时，文案撰写者应该在文案中直白地说出来，而不应该为了追求所谓美感，把文案写成了娱乐性或文艺性的文案，这种本末倒置的方式是不可取的。

也就是说，在推送企业产品或品牌有相关福利的活动信息时，应该在文案开篇就详细、直白地陈述出来。关于文案中福利的发布，具体内容包括 3 个方面，如图 5-34 所示。

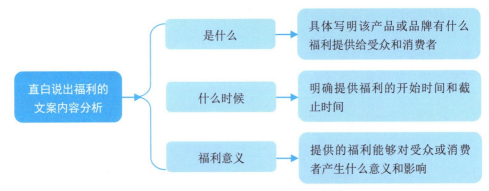

图 5-34　直白说出福利的文案内容分析

只有直白呈现图 5-34 所示的内容，才能让受众在点击阅读的时候有动力，才能坚持看下去，最终达到吸粉的目的。如图 5-35 所示为"手机摄影构图大全"公众号发布福利信息的文案正文。

图 5-35　"手机摄影构图大全"公众号发布福利信息的文案正文

5.5.5　利用连载，累积粉丝

人们在阅读时，总是趋向于寻找同一类型或主题的文章，力图全方位了解和熟悉有关于该类型和主题的知识。因此，在文案的正文写作上，可从这方面着手，着力打造一些经典的、具有代表性的专题，迎合受众的阅读兴趣和习惯。如图 5-36、图 5-37 所示为"手机摄影构图大全"公众号发布的两个连载系列内容。

图 5-36 连载系列（1）

图 5-37 连载系列（2）

从图 5-36 和图 5-37 中不难看出，这两期连载文案明显是基于不同内容的文案专题，专题从不同的角度进行分析，带给受众的感觉可谓是切合实际又分工细致，很容易满足受众的不同的摄影需求。

由此可知，利用连载类专题安排文案内容，有着极大的优势，具体分析如图 5-38 所示。

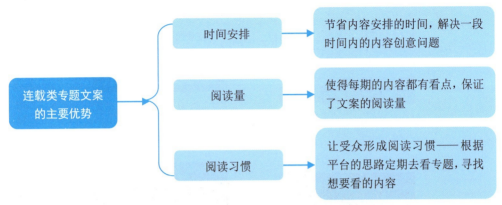

图 5-38　连载类专题文案的优势分析

5.5.6　提前预告，营造神秘

对于好的内容，新媒体文案撰写者一定要提前对内容进行预告，这就像每部电影上映前的宣传手段一样，通过提前预告的方式让用户对内容有一定的期待。而且新媒体平台运营的提前预告无须成本，是非常有效的一种推广运营方式。下面为大家介绍一下内容提前预告的几个注意事项，如图 5-39 所示。

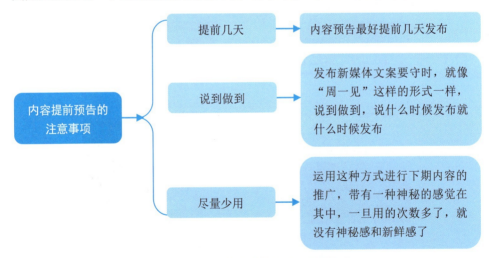

图 5-39　内容提前预告的注意事项

当新媒体文案撰写者对接下来要发布的内容比较明确时，可以尝试提前预告内容。这样做可以给受众一些神秘感，让受众对接下来的内容多一分期待。如图 5-40 所示为一个公众号某一时间段发布的内容，采用的便是提前预告内容，并按照预告向受众推送内容。

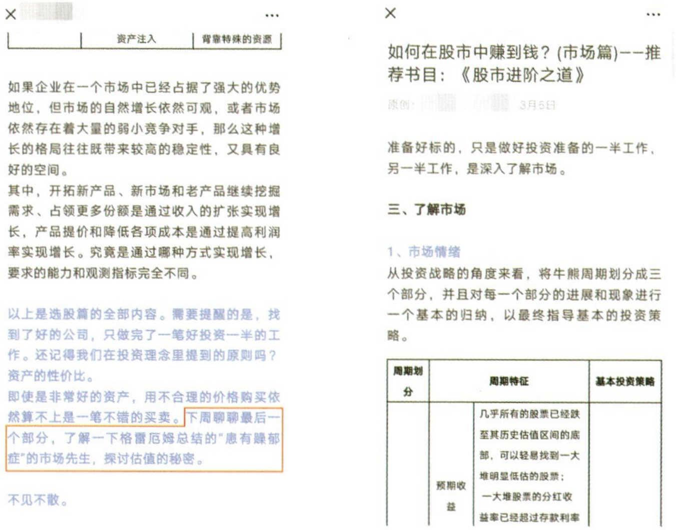

	资产注入	背靠特殊的资源

如果企业在一个市场中已经占据了强大的优势地位，但市场的自然增长依然可观，或者市场依然存在着大量的弱小竞争对手，那么这种增长的格局往往既带来较高的稳定性，又具有良好的空间。

其中，开拓新产品、新市场和老产品继续挖掘需求、占领更多份额是通过收入的扩张实现增长，产品提价和降低各项成本是通过提高利润率实现增长。究竟是通过哪种方式实现增长，要求的能力和观测指标完全不同。

以上是选股篇的全部内容。需要提醒的是，找到了好的公司，只做完了一笔好投资一半的工作。还记得我们在投资理念里提到的原则吗？资产的性价比。

即使是非常好的资产，用不合理的价格购买依然算不上是一笔不错的买卖。下周聊聊最后一个部分，了解一下格雷厄姆总结的"患有躁郁症"的市场先生，探讨估值的秘密。

不见不散。

如何在股市中赚到钱？(市场篇)——推荐书目：《股市进阶之道》

3月6日

准备好标的，只是做好投资准备的一半工作，另一半工作，是深入了解市场。

三、了解市场

1、市场情绪

从投资战略的角度来看，将牛熊周期划分成三个部分，并且对每一个部分的进展和现象进行一个基本的归纳，以最终指导基本的投资策略。

周期划分	周期特征		基本投资策略
	预期收益	几乎所有的股票已经跌至其历史估值区间的底部，可以轻易找到一大堆明显低估的股票；一大堆股票的分红收益率已经超过存款利率	

图 5-40　提前预告内容并按照预告推送内容

第 6 章

配图秘籍，极致呈现

> **学前提示**
>
> 企业要想打造阅读量 10W+ 的文案，就必须依靠文案的视觉功能，通过图片来获取阅读的点赞率，吸引用户的眼球。在新媒体运营和文案撰写的过程中，想要获得 10W+ 的阅读量，就不能忽视这股力量。因此，本章将对文案的配图进行重点讲解。

- 品牌头像，最佳广告
- 文案主图，轻松吸睛
- 文案侧图，展现核心
- 设计图片，技巧展现
- 图片类型，各具优势

6.1 品牌头像，最佳广告

说起新媒体运营企业的头像，那是非常重要的一个标志。一张优秀的、吸引眼球的头像能够胜过千言万语，它能带给读者视觉上的冲击，达到文字所不能实现的效果，也能为文案引来千万流量。本节将为大家介绍头像设计的相关知识和设置方法。

6.1.1 优质头像，引入流量

一般来说，一些主观的设计、思想等之所以存在，就在于它具有某方面的作用和价值。关于其头像设计的作用，主要包含两个方面，一是能吸引读者的注意力，二是具有扩大传播品牌的作用，其最终目的都在于为平台引入更多的人流。

从头像设计的作用出发可知，无论是自媒体人还是新媒体企业，都必须重视企业品牌头像的设计。因此，笔者总结了3点好的头像的特点，具体如图6-1所示。

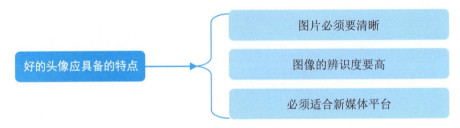

图6-1　好的头像应具备的特点

6.1.2 掌握渠道，获取头像

那么，我们应该如何达到头像设计的标准呢？清晰的图片、辨识度高的图片又应该去哪儿找呢？笔者将为大家一一介绍。

要想采用清晰的图片作为头像，这一点其实不是很难，只要保证图片是原图即可，而辨识度高则依赖于设计者的能力。一般新媒体人和企业的头像来源主要有如图6-2所示的3种途径，可供参考。

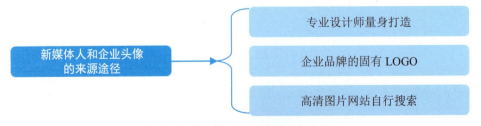

图6-2　新媒体人和企业头像的来源

由此可见，头像的设计主要有两大途径，一是原创，二是借用。以下是几个好用安全的图片网站，帮助大家积累头像素材，如图6-3所示。

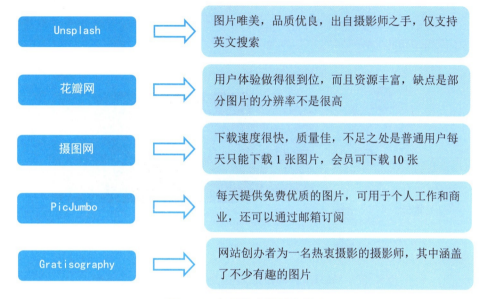

图6-3　好用安全的图片网站

在这些图片网站不仅可以选取自己喜欢的图片作为头像，还可以从中挑选合适的图片插入到文案中当作配图，可以说是一种资源，多种利用。

6.1.3　企业头像，如何设置

如果是企业为了销售产品或者宣传品牌理念，那么其新媒体账号头像的设置又另有技巧，具体如图6-4所示。

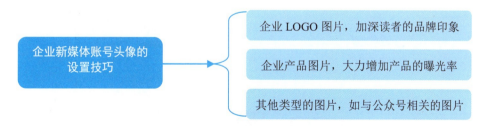

图6-4　企业新媒体账号头像的设置技巧

下面以"喜马拉雅FM"平台为例，喜马拉雅FM在微信公众平台的头像就是一个非常简单的"听"字的设计字样和鲜艳纯红色的背景色。简单的"听"字凸显了该平台的特色定位即主要是播放音频，而红色的背景色能让读者、粉丝一眼就能在众多微信公众号中关注到它。

再者，喜马拉雅 FM 电脑端使用的头像和喜马拉雅 FM 微信公众平台使用的头像是一样的，都是以"听"字的字样作为头像再加上鲜艳的红色的背景色，如图 6-5 所示。这样既能增加平台的曝光率，也能进一步加深读者对于"喜马拉雅 FM"平台的印象。

图 6-5 "喜马拉雅 FM"微信公众号的头像与电脑端头像

下面以微信公众号"手机摄影构图大全"为例，介绍设置企业品牌头像的具体操作方法，具体内容如下。

步骤 01 以"手机摄影构图大全"公众号为例，移动鼠标，指向右上角的企业头像，在弹出的列表框中选择"账号详情"选项；进入"公众号设置"界面，单击中间下方的企业公众号的头像，如图 6-6 所示。

图 6-6 进入"公众号设置"界面

步骤 02 进入"修改头像"页面，单击中间的"选择图片"按钮；执行操作后，弹出"打开"对话框；在其中选择需要设置的企业品牌头像图片；单击"打开"按钮，如图 6-7 所示。

图 6-7 选择公众号需要的头像

步骤 03 执行上述操作后，返回"修改头像"页面，在其中显示了用户刚上传设置的企业品牌头像图片，单击"下一步"按钮，即可完成品牌头像的设置，如图 6-8 所示。

图 6-8 完成企业品牌头像的设置

6.2 文案主图，轻松吸睛

在介绍了新媒体中品牌头像的图片设计之后，本节将为大家介绍一下 10W+ 文案中封面主图的相关要求与技巧。

6.2.1 适宜主图，增光添彩

文案主图设置的好坏会影响到读者点开文案阅读的概率，一张漂亮、清晰的主图能瞬间吸引读者的眼球，从而让读者有兴趣进一步阅读。在选取文案主图的时候还需要考虑的是图片的大小比例是否合适。比例适宜的主图，需要注意以下相关事项，具体如图 6-9 所示。

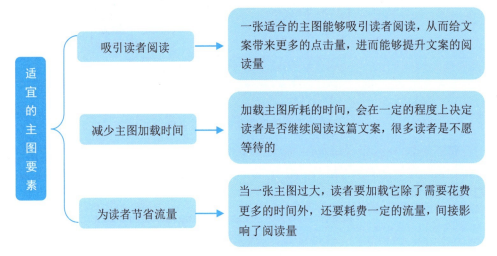

图 6-9 适宜的主图要素

专家提醒

封面图片的重要性是不容忽视的，它给读者带来了第一印象，也是整体印象——因为图片往往比文字的影响力更强。

在选择文案主图的时候，最好遵循 3 大原则，即高清、独特以及紧贴文案内容，只有这样才能为文案增光添彩。同时，这也是吸引读者眼球的绝佳方式之一。

以微信公众号为例，文案的主图指的是打开一个公众号时，文案列表中每一篇文案都会配一张图片。文案所配的图片大小是不一样的，只有头条文案所配的图片比例是最大的，这张图片才能被称为文案主图或者封面，如图 6-10 所示。

图 6-10 微信公众号文案主图

6.2.2 掌握方法,设计主图

那么主图是如何设置的呢?接下来将以今日头条号为例,介绍设置文案封面主图的具体操作方法。

步骤 01 登录并进入今日头条平台后台,单击页面上方的"发文"按钮,如图 6-11 所示。

图 6-11 单击"发文"按钮

步骤02 进行操作后,进入文章发表页面,输入文案的标题内容,再输入文案的正文内容并上传图片,如图6-12所示。

图6-12 输入文案标题、正文内容并上传图片

步骤03 文案内容编写完成后,向下滚动鼠标显示相关内容,在"封面"选项区右侧选中"单图"单选按钮,在下方单击封面框,如图6-13所示。

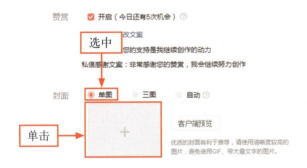

图6-13 设置文案单图封面功能

步骤04 执行操作后,弹出"正文图片"对话框,选择相应的封面主图,单击"确认"按钮,即可完成单图的封面主图设置,如图6-14所示。

> **专家提醒**
>
> 对于今日头条平台的封面主图设置,有3种可选择的方式:第一种是单图封面主图,第二种是三图封面主题,第三种是由系统自动设置单图与三图封面。在此,建议新媒体文案撰写者使用三图封面主题。优质的封面主题图片可以得到今日头条平台更多的推荐量,这样可以获得更多的用户流量和点击率。

图 6-14 今日头条单图封面效果

6.3 文案侧图，展现核心

文案侧图指的是新媒体平台文案列表中，除了头条文章之外的文章所配的图片。侧图的显示比例和大小与主图相比要小很多，但侧图也能体现文章的主题思想，展示文案的核心内容。

6.3.1 特色侧图，如何挑选

很多创作者认为侧图的作用不如主图那么至关重要，因此在选择侧图的时候鲜少用心，结果造成阅读量损失惨重。实际上，文案侧图也是文案的一个组成部分，它的价值和作用也是不容忽视的。

虽然很多时候主图掩盖了侧图的光芒，但侧图仍有自己的特色和亮点，那么，一篇文案中的侧图又应该如何挑选和打造呢？笔者将其技巧总结为如图 6-15 所示的 3 点，以供大家参考。

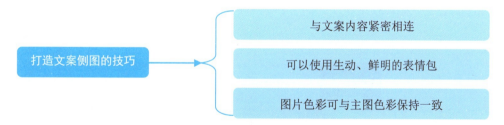

图 6-15 打造文案侧图的技巧

侧图是可以体现文案内容的，如果能让人一眼看出文案要表达什么则更好。使用表情包的作用也是快速吸引读者的注意。在这个充满新鲜元素的娱乐时代，幽默是最能引发共鸣的一种手段。

至于保持色系的一致，则是从读者的视觉体验角度出发的，比较相近的色彩搭配能够使得读者的心情愉悦，从而愿意接受文章的内容。

文章侧图虽然所占的比例比较小，但是也不可忽视它的作用，它有着与主图一样的效果，能提高文案的阅读量以及能够给读者提供良好的阅读体验，让新媒体文案能获得更多的读者支持。如图6-16所示为"年糕妈妈"和"吴晓波频道"微信公众号发布文案的侧图效果。

图6-16　文案侧图效果展示

6.3.2　设置侧图，具体操作

该如何设置侧图呢？下面以微信公众号的侧图设置为例，介绍设置文案侧图的具体操作方法。

步骤01　进入微信公众号后台，在右侧文案的列表选中第二篇文章，在中间编辑好文章的标题、正文等内容，如图6-17所示。

图6-17　选中并编辑好第二篇文章

步骤02　文案编写完成后，滚动鼠标滚轮至页面的最下方，在"封面"选项区中，单击"从图片库选择"按钮，如图6-18所示。

图6-18　单击"从图片库选择"按钮

步骤 03 执行操作后，弹出"选择图片"对话框，在中间列表框中选择需要使用的文案侧图，然后单击下方的"下一步"按钮，如图6-19所示。

图6-19　选择相应的侧图

步骤 04 对图片进行尺寸的选择，单击"完成"按钮，返回图文新建页面，其中显示了已经设置好的文案侧图效果，如图6-20所示。

图6-20　微信公众号文案发表界面

6.4 设计图片，技巧展现

图片是构成文案的重要部分，要呈现更优质的文案内容，图片是必不可少的。那么如何让图片为文案增色呢？本节将从图片的尺寸、数量以及精修图片的技巧3个方面为读者一一讲述。

6.4.1 高清图片，如何获取

图片除了需要注意颜色的选择之外，还应该选择合适的尺寸。因为一张合格、优秀的图片，不仅要协调、柔和，还要看得清，而且尺寸大小符合读者的预期。

"图片尺寸"，实际上指的不仅仅是图片本身的尺寸（即像素），同时还代表着排版中的图片展示。文案中的图片在排版中的尺寸大小一般都被限制在了固定的范围之内，不可能做太大的调整。因此，为了保持图片的清晰度，就必须保证图片本身的尺寸大小，以提高图片的分辨率，这是保证图片高清的较好选择。

然而，图片高清显示的容量大小又与读者点击阅读文案信息时的体验息息相关。因此，在保持图片高分辨率、不影响观看、顺利上传以及能够快速打开的情况下，怎样处理图片容量大小就成了一个十分关键的问题。关于这一问题，我们可以通过以下两种方法来解决。

1. QQ 截图，让高清图片唾手可得

在 QQ 打开界面，我们可以结合快捷键，以合适的格式保存图像的方式得到普通大小的高清图片，具体步骤如下。

步骤 01 登录 QQ，单击"联系人"按钮，进入联系人列表，双击"我的 Android 手机"按钮，如图 6-21 所示。执行上述操作后，即可进入到传输文件的对话框，如图 6-22 所示。

图 6-21 联系人列表

图 6-22 传输文件对话框

步骤02 打开一张图片,并单击,将其放大,就会看到高清大图。然后按 Ctrl+Alt+A 组合键,将会在图上显示一个截图显示范围图标,如图 6-23 所示。

步骤03 移动鼠标至图片的左上角,然后按住鼠标左键并进行拖曳,选择高清图片。单击 图标,即可成功保存图片,如图 6-24 所示。

图 6-23 显示截图范围图标

图 6-24 保存图片

2. 画图工具,高清图片一步到位

除了可以运用 QQ 截图来把高清图片改为普通大小外,还可以通过画图工具来实现这一目标,具体步骤如下。

步骤01 选择"开始"|"程序"|"附件"|"画图"命令,打开"画图"工具,如图 6-25 所示。

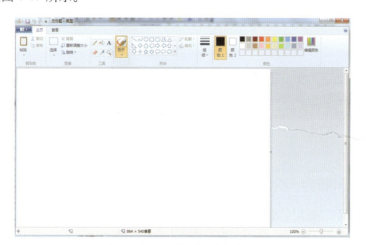

图 6-25 "画图工具"界面

步骤 02 在软件界面中，单击 图标，单击"打开"按钮即可打开需要修改的高清照片，如图6-26所示。

图6-26 打开高清图片

步骤 03 执行操作后，就可以看到高清大图，然后单击 图标；再单击"另存为"按钮；在弹出的"另存为"窗格中选择"JPEG图片"选项，如图6-27所示。

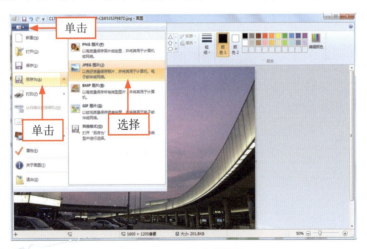

图6-27 存储高清图片

6.4.2 图片数量，完美搭配

对于如何安排图片数量这一问题，根本的依据还在于文案的内容。不同的文案有不同的体例、形式以及侧重点，要想让图文完美搭配不是一件容易的事。那么，又应该怎么来设置图片的数量呢？

关于图片的数量这一问题，大致可以从两个方面来理解——新媒体账号推送图文的多少和文案中排版所用图片的多少。下面将就这两个方面进行具体介绍。

1. 推送图文的多少，内容的数量

推送图文的多少是指一个新媒体账号每天推送文章的多少。细心的读者会发现，有的新媒体账号每天会发送多篇文案，而有的新媒体账号每天只会推送一篇文案，甚至隔几天或者一段时间才发一篇文案。

新媒体账号推送的图文越多，所用的侧图就会越多；推送的图文越少，所用的侧图也就越少。值得注意的是，单图文推送和多图文推送的特色各异，具体如图 6-28 所示。

图 6-28　单图文和多图文推送的不同特色

2. 文章排版所用图片的多少，配图数量

每个新媒体平台的每个账号都有属于自己的特色，有的在文案内容排版的时候会选择使用多图片的形式，有的则只会选择使用一张图片。这种文案内容多图片、少图片的排版方式会给读者带来不一样的阅读体验，它们的区别体现在如图 6-29 所示的两个方面。

图 6-29　多图与少图排版方式的阅读体验区别

以微信公众号为例，首先从推送图文的多少来看，有的同一时间推送多图文消息，有的则只会推送一则消息，甚至很久都不发消息。如图 6-30 所示为"灵感旅行市集"和"丁香妈妈"推送图文数量的对比展示。

图 6-30　推送图文数量不同的微信公众号

再来看文章排版所用的图片多少。微信公众号也会根据文章的内容对其进行不同的安排。如图 6-31 所示为"胡华成"和"新潮旅行"推送的文案中所运用的图片。从图 6-31 中可以看出"胡华成"的这篇文案只用了一张图片,而"新潮旅行"则采用了多张图片。

图 6-31　排版所用图片数量不同的微信公众号

专家提醒

比如,有的新媒体文案可能不需要太多的图片进行辅助说明,此时图片只是起到一个丰富形式的作用,那么就只用一到两张图片就好;有的文案则必须要有多张图片来解释说明,才能将文案内容传达给读者。这就是为什么要根据文案内容安排图片数量的原因。

6.4.3 精修图片,生动呈现

企业、个人在进行新媒体运营的时候,是离不开图片的点缀和美化的。图片是让新媒体的文案内容变得生动的一个重要武器,会影响到文案的阅读量。因此,当企业或个人利用图片给文章增色的时候,也可以通过一些方法给图片"化妆",让图片更加有特色,吸引到更多的读者。

新媒体文案撰写者给图片"化妆",可以通过多种方式使得原本单调的图片变得鲜活起来。那么,具体而言,有哪些方式可以让图片更加精美,更容易吸引眼球呢?下面为大家详细介绍两种方法。

1. 图片拍摄设置,亮眼图片一招搞定

新媒体平台使用的照片来源是多样的,有的新媒体账号使用的图片是企业或者个人自己拍摄的,有的是从专业的摄影师或者其他地方购买的,还有的是从其他渠道免费得到的。

对于自己拍摄图片的这一类新媒体文案撰写者来说,只要在拍摄图片时,注意拍照技巧的运用、拍摄场地布局以及照片比例布局等,就能使得图片达到理想的效果。如果对于摄影不是十分精通,也可以关注摄影类的新媒体账号进行了解和学习,比如"手机摄影构图大全"公众号。

2. 图片后期处理,众多软件助力美图

新媒体账号运营者和撰写者在拍完照片后如果对图片不是太满意,还可以选择借助后期的力量对图片进行美化处理。现在用于图片后期的软件有很多,我们可以根据自己的实际技能水平选择图片后期软件,通过软件让图片变得更加夺人眼球。以下为大家介绍几款好用的后期软件,如图 6-32 所示。

一张图片有没有加后期,效果差距是非常大的,因此给读者带来的视觉效果也是截然不同的。如果使用一张没有经过任何后期处理的照片作为文章的陪衬,很有可能难以吸引读者的注意力。此时就需要对其进行精修和美化处理。以美图秀秀软件为例,下面仔细介绍其如何对原始的图片进行后期处理。

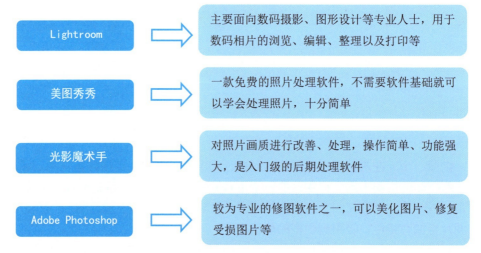

图6-32 简单实用的图片后期处理软件

步骤 01 打开"美图秀秀"软件,进入主页,单击"美化图片"按钮,如图6-33所示。

图6-33 单击"美化图片"按钮

步骤 02 执行上述操作后,即可进入"美化图片"页面,单击"打开图片"按钮,如图6-34所示,即可进入相应文件夹打开一张图片,开始美化图片。

步骤 03 图片打开后,就会出现在页面中间,单击"一键美化"按钮;单击"清晰度"按钮;在"特效滤镜"区域选择一种特效并单击,在此选择"亮红"选项,效果如图6-35所示。然后单击下方的"确定"按钮,即可应用"亮红"特效滤镜。

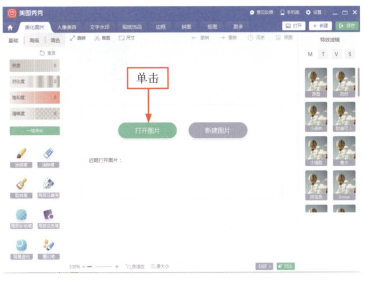

图6-34 打开图片

图6-35 "一键美化"

步骤 04 执行上述操作后,图片的后期效果已经显示出来,单击"保存"按钮,弹出"保存与分享"对话框,设置相关信息,单击"保存"按钮,如图6-36所示,即可保存图片。

图 6-36 "保存与分享"对话框

6.5 图片类型，各具优势

不同的图片类型放入文案中，会呈现出截然不同的效果。因此我们需要对不同的图片类型的特点进行深入了解，清楚它们的优势，并在文案设计的过程中选择最合适的图片类型。本节将为读者重点介绍两种图片类型——GIF 图片和长图文。

6.5.1 动图特效，表达鲜活

很多新媒体文案撰写者在插入图片的时候，都会采用 GIF 动图形式。这种动起来的图片确实能为新媒体账号吸引很多读者。相对于传统的静态图，GIF 格式的图片更加动感立体，它的表达能力更强大——静态图片只能定格某一瞬间，而一张动图则可以演示一个动作的整个过程。

作为一种独特的图片格式，GIF 的好处是显而易见的。不论是单独来看，还是作为文章中的插图，它都能带给读者不一样的阅读体验。那么，如果要在文案中插入动图，就不得不考虑如何选择动图类型、动图如何与文案内容匹配、从哪些渠道获取动图素材这 3 个方面的问题。

首先，怎样获得动图素材，因为动图的制作不是一下子就能学会的，所以最好的办法就是去不同的渠道寻找动图素材。下面为大家介绍几个素材丰富的网站，以供借鉴和参考，如图 6-37 所示。

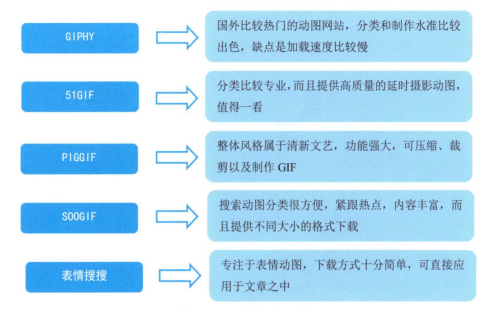

图 6-37 素材丰富的网站

其次,动图的类型要与文案的内容相匹配。一般来说,技巧类的文案通常更需要动图的衬托和点缀,原因有两点。

一是因为技巧类的文案本身比较冗长,如果文字表达不是特别生动的话,很容易让读者失去阅读的兴趣,因此动图的加入能够有效吸引读者的注意。

二是因为技巧类的文案在讲解知识时,往往会涉及到某个用文字难以生动表达的情况,这个时候用一张动图来解释,难题就会迎刃而解。

最后,动图怎样恰当地融入文案之中,实际上这与第二点有着千丝万缕的联系。如何选择动图的类型以及动图怎样和文案搭配,可以从内容和形式两大角度来解决,如图 6-38 所示。

图 6-38 动图与文案结合的要点

以"哈根达斯"微信公众号为例,它推送的文案内容就含有创意十足的动图,如图 6-39 所示,这个动图不仅包含了产品展示,还有明星吃过"哈根达斯"的现场反应的画面，产品的推广效果是显而易见的。

图 6-39　"哈根达斯"微信公众号推送文案中的动图展示

再如"品加 SFT"微信公众号推送的一篇文案，通过动图展示了臭豆腐制作的画面，如图 6-40 所示。对于这样生动的图片，是不是对于美食的向往更加强烈了呢？这就是动图的魅力所在。

图 6-40　"品加 SFT"微信公众号推送文案中的动图展示

专家提醒

如果想把自己的产品通过文章推广出去，并扩大品牌影响力，可以在文案中加入动图形式，全方位展示产品的特色，以便更加生动地吸引读者和消费者，实现吸粉引流的目标。

6.5.2 长图效果，视觉冲击

除了动图，长图文也是为文案内容加分的一种形式，以图片加文字的漫画形式描述内容，其发布的文案阅读量都非常高，很多著名的品牌企业也经常运用这种方法来宣传和推广自己的新品。

长图文是促使各种新媒体平台获得更多关注、吸引更多粉丝的一种好方法，其主要优势体现在如图 6-41 所示的 3 个方面。

图 6-41 长图文的优势

既然长图文的效果这么好，那么我们应该怎么设计这种冲击力巨大的图片形式呢？长图文的设计有两种方法，一种是直接设计长图，另一种是先设计小图再拼接成长图。直接设计长图的方法比较复杂，还要用到 Photoshop 软件。因此相对而言，设计小图再借用工具进行拼接比较简单。

不过，值得庆幸的是，创客贴提供了制作信息长图的良好平台，既可以直接根据模板设计长图，又可以自己将小图进行拼接制成长图。这里主要介绍利用模板制作长图文的具体步骤。

步骤 01 进入创客贴的模板中心，单击搜索"信息图"按钮，即可选择合适的模板，如图 6-42 所示。

步骤 02 进入设计页面，如图 6-43 所示，随后可直接单击模板，对信息图里的文字、图表等内容进行修改。

专家提醒

如果觉得信息图的模板没有合适的，也可以通过小图拼接的方式来设计长图文，但这样做的话会花费更多的时间和精力，需要经过长时间的经验积累才能做出比较理想的长图文效果。

图6-42 模板中心页面

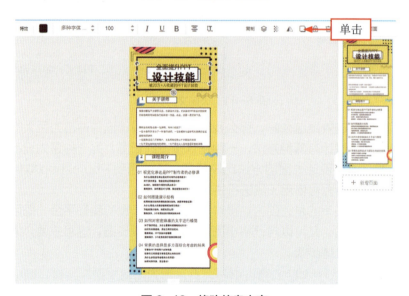

图6-43 修改信息内容

长图文的形式在新媒体平台上屡见不鲜,有的新媒体账号甚至将长图文当成了自己的固有模式和风格,并以此来吸引读者和粉丝。如图6-44所示为"欧莱雅美丽殿堂"微信公众号推送的长图文消息。

"欧莱雅美丽殿堂"微信公众号发布的内容大部分都是长图文的形式,这样做不仅有力地推广了新品,同时也吸引了不少读者的眼球,使得目标粉丝更加青睐该品牌,并持续支持产品。

图6-44 "欧莱雅美丽殿堂"微信公众号推送的长图文消息

第 7 章

排版设置,优化阅读

> **学前提示**　各类新媒体平台的栏目设置与版式设计是否科学美观,对用户的视觉感受的好坏将产生重要影响。因此,只有做好新媒体平台的栏目与版式设计工作,才能给予用户最佳的阅读体验。本章主要介绍各类新媒体平台栏目设置与版式设计的相关知识。

- 栏目分类,锁定视线
- 栏目设置,利于安排
- 掌握排版,焕然一新
- 打造版式,视觉盛宴
- 选取器材,轻松搞定

7.1 栏目分类，锁定视线

企业或者个人要想运营新媒体平台，首先需要对平台界面进行栏目设置，以便对平台推送的文案进行分类处理。在进行平台栏目设置时应注意在吻合新媒体用户视觉习惯的同时，满足平台各类文案的推送与分类的各类需求，为用户的阅读提供便利。本节将介绍新媒体平台栏目设置的相关知识。

7.1.1 根据兴趣，设置栏目

不少新媒体平台在进行栏目设置时，注重人性化设计，使用户可以根据自己的习惯和兴趣设置让自己满意的界面。这一人性化特征在 APP 平台上体现得尤为明显。如图 7-1 所示为"荔枝"APP 界面的栏目和设置。在该平台上，用户可以根据自己的喜好和平台的阅读习惯选择增减栏目和调换栏目顺序。

图 7-1 荔枝 APP 界面的栏目和设置

7.1.2 有序呈现，突出要点

在新媒体平台上，无论是主栏目还是子栏目，都是按照一定的顺序进行排列的，而不是杂乱无章地呈现出来的。如图 7-2 所示为"丁香妈妈"微信公众号的主栏目和子栏目设置。

从图 7-2 中可以看出，在主栏目的设置上，该平台把构成运营主体的干货和课程内容——"游戏育儿课"栏目作为第 1 个栏目，它为读者特别是"妈妈"群体分享了一些育儿技巧和课程。然后设置第 2 个栏目为"丁香好物"，这是在读者被吸引后与平台的进一步接触。最后设置第 3 个栏目为"在线服务"，这一栏目有利于加强读者与平台的互动，进一步实现吸粉引流。其子栏目的设置同样是按照其栏目的有序性进行的。

图 7-2　"丁香妈妈"公众平台的栏目设置

7.1.3　灵活排列，抓住眼球

在新媒体平台上，企业或个人如果要进行平台运营，首先就需要对平台界面进行栏目设置，以便对发布的文案进行分类处理。其中，吻合读者的视觉习惯就是新媒体站好栏目设置的重要要求。

视觉是人类获取信息、观察事物的能力，在视觉能及的范围内，人们利用视觉能力所察觉到的结果是极具选择性的。这是因为在大脑的意识支配下，眼睛会根据已经形成的习惯对看到的事物和信息进行分类、筛选，最终形成视觉效果。

而栏目设置作为艺术设计的一部分，是"眼睛"的艺术，读者在阅读文案时，会根据一定的视觉习惯对平台首页的栏目进行有目的的选择。对于视觉习惯而言，主要是能让用户便于理解、便于使用。

在栏目设置上，同其他文本设置一样，要遵循一定的视觉习惯，这主要体现在两个方面，具体分析如下。

1. 横向排列，打造舒适的阅读效果

这主要是从栏目设置的文本方向上来说的。基于人的眼睛在横向上的移动相对于纵向移动来说明显要迅速和不易疲惫，因此，大部分栏目的设置是尽量横向排列的。如图7-3所示为新媒体平台的横向栏目设置。

图7-3 新媒体平台的横向栏目设置

2. 上下左右，吻合用户的视觉习惯

这是决定人们注目位置和程度的关键。从视觉习惯上来说，人们的视线转移路径一般是从左至右、从上至下。因此，在不同的平台上，由于其包含的信息和界面的不同，其整体栏目的设置位置也不同。

在新媒体平台上，由于手机屏幕所展示的信息有限，因此，进入新媒体平台界面，首先需要设置一些容易吸引读者注意的信息。只有吸引了读者的眼球，才能让他们有耐心关注平台内容，也就是通过栏目设置进入各个内容界面。

因此，一些平台在界面上部设置容易引导读者的图文内容，而把栏目设置放在下方，如图7-4所示，这是因为在视区内上部的注目程度比下部高。

在新媒体平台上，其栏目设置的位置也要视信息的多少而定。如果平台页面加入的信息比较多，栏目设置一般位于读者关注程度高的上部和左侧，如图7-5所示。

图 7-4 平台栏目设置

(a) 位于界面左侧的栏目设置

(b) 位于界面上部的栏目设置

图 7-5 新媒体平台的栏目设置

当然，在手机 APP 上，其栏目设置的位置更加重要。一般来说，这类平台加入的信息比较多，如果没有任何栏目引导阅读，那么读者浏览的时候会感觉无从着手。因此，这类平台一般会选择在上方设有分类栏目。有时为了便于读者寻找，会在上方和下方都设置分类栏目，如图 7-6 所示。

图 7-6　APP 平台的栏目设置

图 7-6 所示的今日头条 APP 栏目设置，是符合大多数用户的视觉习惯的，既是横向设置，同时又采用了上下设置分类栏目的方式来安排丰富的信息。值得一提的是，它的栏目设置都放在比较显眼的地方，即使内容繁杂也能够轻松地抓住重点。

7.2　栏目设置，利于安排

新媒体运营者在设置栏目时，除了需要从读者的角度出发，便于他们阅读从而锁定视线外，还应该从自身出发，便于安排内容。一般来说，良好的栏目设置对于内容安排是十分重要的。那么我们应该如何打造一个优质的栏目设置呢？本节将从设置互动栏目和分类呈现平台内容两方面为读者进行介绍。

7.2.1　设置栏目，加强互动

企业或个人在新媒体平台上运营，其最终目的还是为了吸粉引流。为了实现这一目的，平台运营者不仅在文案内容上提供干货和进行巧妙设置，还积极地通过平台的栏目设置来进行平台互动，以及最大限度地获取读者关注。

首先，在主栏目的设置上，很多平台都设置了提供平台与读者互动的活动栏目，如图 7-7 所示。

图 7-7　新媒体平台的互动栏目设置

其次，在新媒体平台的后台处，一般来说，是会提供自动回复功能的。例如，在微信公众号后台，就能进行相关设置。如图 7-8 所示为微信公众平台的自动回复功能设置。通过这一功能与自定义菜单的结合，可以引导读者浏览信息，提升平台主动性和用户体验，最终实现吸粉引流。

图 7-8　微信公众平台自动回复功能设置

7.2.2　平台内容，分类呈现

在新媒体平台上，项目设置的目的在于清楚、全面地呈现内容，以便进一步吸粉引流，获得众多读者的青睐和支持，从而推广自己的账号、产品以及品牌。要想将项目设置安排得合理且实用，就需要从两大角度来考虑，即"清楚"和"全面",那么,这两点具体而言又有什么含义呢?

所谓"清楚",即读者在看到栏目名称的时候,就可分辨出该栏目的主要内容是什么,所要寻找的内容在哪一个栏目中可以快速地找到。

所谓"全面",即栏目的分类和取名要全面,既要保证平台的运营内容能全面呈现,能够在栏目的分类中全部找到,又要保证其栏目名称的设置具有概括性和全面性,避免某些内容出现在所有栏目下无法有序查找。

不难看出,"清楚"和"全面"只是项目设置的总体上的要求,对于项目设置,还有更为具体和细化的要求,如图7-9所示。

图7-9 项目设置的具体要求

如图7-10所示为"豆瓣阅读"微信公众平台栏目,它通过"下载APP""我是作者"和"我是读者"来展示内容,而这些栏目名称设置明显是能体现其栏目内容的。在栏目下的子栏目内容也比较全面,就如图7-10中的"我是作者"这一栏目,不仅提供了有能力的作者可以参加的各项活动,还为那些希望提高自身能力的作者提供课程指导。

图7-10 "豆瓣阅读"公众平台的栏目内容查找

专家提醒

由于项目设置是为了更好地安排内容、吸引粉丝注意力，因此无论是在内容上还是在形式上，新媒体运营者和文案撰写者都应该加入一些创新元素，给读者眼前一亮的感觉。如果只是一味地照本宣科、沿袭已有的套路，那么就很难引起读者注意，更谈不上吸粉引流了。

7.3 掌握排版，焕然一新

美观的文案排版会给人焕然一新的感觉，也能吸引读者继续往下阅读。本节将从 4 个方面展示排版的技巧。

7.3.1 排版开头，增强带入

相信大部分人每天都会阅读一些新媒体平台推送的信息，只要认真观察，就不难发现，每篇文案开头的排版或多或少都运用了小心机来尽力吸引读者的眼球，增强其代入感，让读者更好地融入到文案之中。

在新媒体平台上发布文案，版式设计是非常重要的一项，除了前面提到的栏目设置，开头的设计也是不可忽视的。其具体的技巧如图 7-11 所示。

图 7-11　新媒体文案开头设计的技巧

在文案开头引导读者关注有许多不同的方式，这也是作者创意的一种体现，比较常见的方式有如图 7-12 所示的 3 种。

图 7-12　新媒体文案开头引导读者关注的方式

在使用特效吸引读者眼球的时候，有多种形式可以使用，比如可爱的动图、炫酷的字体、五彩的字体颜色以及精美的图片等。

在新媒体文案中，很多开头设计都是富有特色的，一方面可以引起读者的注意，另一方面又能够引导读者持续关注输出的内容，可谓两全其美。当然，在设计开头的时候，不仅要考虑到吸粉的问题，同时还要从读者的角度出发，不要过度强调关注新媒体账号的信息，以免引起读者的抵触心理。

以微信公众平台为例，各种各样的开头设计让人眼花缭乱，既给人带来了美的视觉享受，又达到了吸粉引流的目的，成功地为推广文案和公众号打下良好的基础。

如图 7-13 所示的"灵感旅行市集"微信公众号的开头设计以文字为主，即"灵感旅行市集，贩卖旅行路上的奇妙灵感"，还有英文作为点缀。它的开头设计不仅符合公众号的风格，而且还直接指明了公众号的价值和目的，引导那些有需要的读者继续读下去。

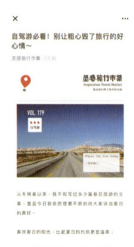

图 7-13 "灵感旅行市集"微信公众号
推送的文案的开头设计

7.3.2 结尾版式，引导关注

很多新媒体平台的账号（尤其是微信公众号）会在文案结尾处用特定的版面对之前已经推送过的文案进行推荐，目的是引导读者关注之前的内容，增强读者的黏性和忠诚度。

一般来说，新媒体平台引导关注的内容以"推荐阅读"和"猜你喜欢"为主，如果拥有自己的网站，就会在文案的最下方设置一个"阅读原文"的按钮，尽量把读者吸引过去。那么，这些内容的具体含义是什么呢？以下将其要点总结为如图 7-14 所示 3 大内容。

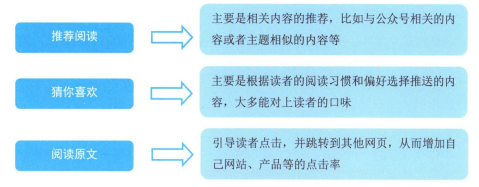

图 7-14　新媒体文案结尾引导关注的形式

其中，最为常见的是"阅读原文"，这也是一种比较实用的引导方式，同时它也分为多种不同的形式，具体如图 7-15 所示。

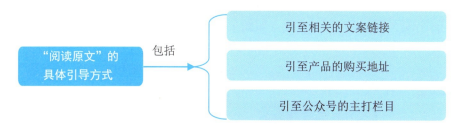

图 7-15　"阅读原文"的具体引导方式

如图 7-16 所示为公众号"新潮旅行社"和"运营小咖秀"结尾引导关注的新媒体文案案例。

图 7-16　结尾引导关注的新媒体文案

7.3.3 文字排版，抓住要素

在新媒体文案中，文字是不可缺少的，即使是全部由图片组成的文案，图上一般也会有着文字的身影。因此，做好文字的排版工作就显得尤为重要。那么，关于文字，在新媒体文案排版过程中，有哪些方面需要注意呢？在笔者看来，主要应该包括 4 个方面，即字体、字号、间距和颜色，下面将进行具体介绍。

1. 字体

字体是文字的一种形式，比较常见的有楷书、行书以及草书等。不同的新媒体平台设置的默认正文字体都有所不同。同时，新媒体文案撰写者也可以根据文案内容来设置形式各异的字体，以便给读者带来新鲜感。

在众多的新媒体平台上，文案的字体几乎都是跟随系统默认的，如楷体、宋体以及微软雅黑等。那么，究竟应该如何设置字体才能给读者带来独一无二的阅读体验呢？以微信公众平台为例，字体的设置技巧有很多，如重点内容可加粗、通过图片展示不同形式的字体等，如图 7-17 所示。

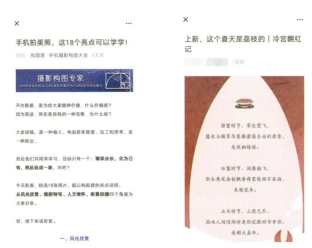

图 7-17 字体的设置技巧

2. 字号

给文案的内容选择合适的字号，也是新媒体平台文案撰写者在进行排版时需要考虑的一个问题。合适的字号能让读者在阅读文案的时候不用将手机离自己的眼睛隔得太近或太远，而且合适的字号能让版面看起来更和谐，更容易转发和传播。

那么，文章中的字号设置为多大比较好呢？根据笔者多次的编辑经验来看，字号效果比较好的是 14px 和 15px，除了个别视力不佳的读者可能会觉得看起来有点吃力之外,这个大小的字号符合大部分读者的视觉习惯。

3. 间距

文字排版中文字的间距很重要,尤其是对于用手机浏览文案的读者来说。文字间距要适宜主要指的是文字 3 个方面的距离要适宜,具体如图 7-18 所示。

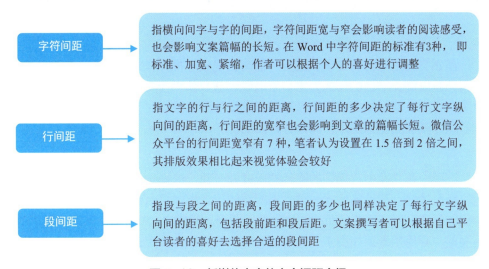

图 7-18　新媒体文案的文字间距介绍

4. 颜色

在新媒体文案中,文字颜色可以用来表达重点和区分内容。如图 7-19 所示为"新华社"微信公众号文案的主要内容字体颜色。

图 7-19　"新华社"微信公众号文案的字体颜色

"新华社"就利用红、蓝、黑3种颜色对内容进行了区分,使得文案重点分明,即使文案都是大段的文字,内容也不会显得非常呆板和枯燥。

在新媒体文案中,利用文字颜色来表达重点和区分内容的做法很普遍。而对于一些版式明显呈现出略显庄重特色的新媒体账号来说,其文案在主要内容的字体颜色上有别于个人账号、娱乐账号等,大都是在黑和灰两种颜色间选择。

7.3.4 图文结合,版式舒适

虽然文案的内容有文字、图片、语音、视频等多种样式,但是大多数新媒体文案还是以图文结合的形式为主。所以说到新媒体平台文案的排版,就不得不提及图文排版。新媒体文案撰写者在进行文案的图文排版时,如果要想让版式看起来舒适,就需要注意两点,具体分析如下。

1. 要求整齐

在同一篇文案中,用到的图片的版式要一致,这样给读者的感觉就会比较统一,有整体性。图片的版式一致,指的是如果新媒体平台作者最开始在文案内容中用的是圆形图,那么后面的图片也要用圆形。同样的,如果第一张图是矩形的,后面的也都用矩形。如图7-20所示为"手机摄影构图大全"微信公众号文案中的图片版式示例。

图7-20 "手机摄影构图大全"微信公众号文案中的图片版式示例

从图7-20中可以看出,这一篇文案使用的图片版式、图片大小是一致的,这样能带给读者整体感。

2. 文配图

图文间要有间距，才能有一个好的视觉体验。在此分两种情况进行分析。

(1) 图片跟文字间要隔开一段距离，不能太紧凑。如果图片跟文字隔得太紧，会让版面显得很拥挤，带给读者的阅读效果不佳。

(2) 图片跟图片之间不要太紧凑，要有一定的距离。如果两张图片之间没距离，就会让读者产生是一张图的错觉。尤其是连续在一个地方放多张图片的时候，就更加要注意图片之间的距离了。

7.4 打造版式，视觉盛宴

如果说文案中的内容是让作者与读者之间产生思想上的碰撞或共鸣的武器，那么撰写者对文案的格式布局与排版就是给读者提供一种视觉上的享受。

文案的排版对一篇文案有很重要的作用，也是一篇文案能否成为爆文的重要因素。因为它决定了读者是否能够舒适地看完整篇文案，这种重要程度对新媒体平台上这种以电子文档形式传播的文案来说更甚。

因此，新媒体文案撰写者在给读者提供好内容的同时也要注意文案的排版，让读者拥有一种精神与视觉的双重体验，也是让文案成为爆文的重要前提。接下来，笔者将为大家介绍一些打造爆文版式的方法，让新媒体文案撰写者用这些方法带给读者更好的阅读体验，创造更多的爆文。

因为今日头条、一点资讯等新媒体平台只能在其自身的后台编辑器中编辑文案，版式比较统一，所以在这里就不再多说它们的排版。但是微信公众号平台的版式，文案撰写者却是可以随意设计的，因此在这里将以微信公众号为例，为大家进行介绍，其中一些技巧也适用于其他的自媒体平台。

7.4.1 借助工具，完善版式

新媒体平台的后台，都提供了文字编辑功能。但是这些功能是有限的，只有最简单的文章排版功能。这些功能对只运营今日头条、简书、一点资讯等新媒体的文案撰写者来说，还勉强够用，但是对于运营微信公众平台的文案撰写者来说就难免显得太单调了，不能够吸引读者的眼球。

因此，新媒体文案撰写者可以借助一些功能更齐全的第三方编辑器来帮助自己设计出更多有特色的爆文版式，以吸引读者的眼球。现在网上这种第三方的编辑器有很多，比较常见的有如图 7-21 所示的几种。新媒体文案撰写者可以借助这些编辑器创作出更多有特色的爆文文章版式。

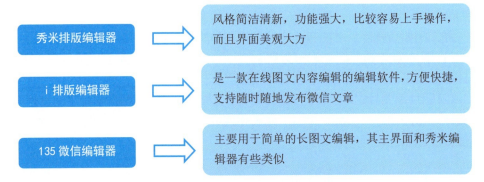

图 7-21 常见的新媒体第三方内容排版编辑器

使用第三方内容排版编辑器的好处比较多,具体来说有如图 7-22 所示的 3 点。

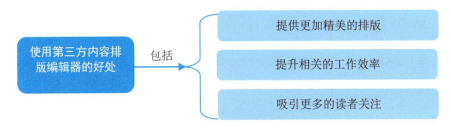

图 7-22 使用第三方内容排版编辑器的好处

7.4.2 收藏素材,丰富资源

文案撰写者可以从其他排版优秀的公众号中总结经验,汲取它们中的优点,再根据自己的情况建立属于自己的爆文版式排版体系。

同时,在看见新颖、好看的排版版式的素材时,也可以将其收藏起来,建一个属于自己的爆文版式素材库。这样不仅丰富了版式资源,还可以节省很多寻找版式素材的时间,提高了工作效率。

7.4.3 树立风格,展现差异

说到给微信公众平台上的文案内容排版,选择合适的排版风格是必不可少的,其意义表现在以下两个方面,具体如下所示。

- 提高效率:运营者选择好排版风格后,在以后的文章排版过程中就可以直接使用这种风格进行排版,从而能够节省很多排版时间,也能够大大地提高工作效率。
- 形成风格:运营者坚持排版风格,能够形成属于自己平台的独特风格,从而与其他平台形成差异化，吸引更多读者。

7.4.4　巧妙分割，增加舒适

　　分割线是在文案中将两个不同部分的内容分隔开来的一条线。虽说它叫分割线，但是它的形式不仅仅是线条这一种形式，它还可以是图片或者其他的分割符号，用户可以根据自身需要任意选择。分割线可以用于文案的开头部分，也可以用于文案的结尾部分。如图7-23所示为公众号"十点读书"推送的文案，就在其中添加了分割线。

图7-23　文案中设置的分割线

　　在微信公众号的后台，其图文编辑栏中就设有分割线功能，但是它的分割线功能中提供的形式只有"分割线"一种，如图7-24所示。

图7-24　微信公众平台的编辑功能中的分割线功能

　　新媒体文案撰写者可以借助分割线将文案的内容分开，这样能提供给读者一种提醒功能，同时也能增加文案排版的舒适感，给读者带去更好的阅读体验。对于微信公众平台提供的分割线类型少的问题,撰写者可以借助其他的编辑器来设计更多的分割线类型。

7.5 选取器材,轻松搞定

在前面笔者给大家介绍了几种网上常见的可以打造爆文版式的编辑器,接下来笔者就给大家详细介绍一下这些编辑器中最常用的 3 款,让大家轻松搞定文章的内容编辑与排版。

7.5.1 常规工具,实例操作

秀米编辑器 (https://xiumi.us/#/) 是一款优秀的内容编辑器,接下来介绍一下秀米编辑器的排版操作流程。

步骤 01 进入秀米官方网站,登录秀米,在秀米主页单击"我的秀米"按钮,如图 7-25 所示。

图 7-25 单击"我的秀米"按钮

步骤 02 执行操作后,进入"我的图文"页面,单击"添加新的图文"按钮,如图 7-26 所示。

步骤 03 执行操作后,进入相应的"图文排版"页面,然后单击"我的图库"按钮,进入相应的编辑页面,如图 7-27 所示。

步骤 04 上传一张图片作为推送消息的封面,并输入图文标题和描述等相关内容,如图 7-28 所示。

图 7-26　单击"添加新的图文"按钮

图 7-27　相应的编辑页面

图 7-28　输入相关内容

步骤 05 单击"图文模板"按钮进入相应页面,在该页面单击"标题"按钮,即可出现各种标题模板,运营者可以选择自己想要的目标运用该模板,其效果如图 7-29 所示。

图 7-29 运用标题模板的效果

步骤 06 运营者接着可在该标题目标中输入相应的标题,之后单击下方的文本框,如图 7-30 所示,进入编辑状态,即可添加文案内容。

图 7-30 单击文本框

步骤 07 文案内容输入完成并检查无误后保存文案,运营者可以单击"去同步多图文"按钮,如图 7-31 所示。

步骤 08 执行操作后,进入"公众号同步"页面,在左侧的"所有图文"区域,单击刚刚保存好的文案,该篇文案就会出现在右侧空白区域,如图 7-32 所示。

图 7-31 单击"◯|去同步多图文"按钮

图 7-32 选择并单击要同步的文案后的效果

步骤 09 对于那些已经有授权的同步公众号的运营者来说，只要将鼠标指针移至上方的"公众号同步"上，即可弹出相应对话框，勾选要同步的公众号；单击"开始同步"按钮，如图 7-33 所示，即可开始同步文案到公众号。

> **专家提醒**
>
> 对于那些没有授权同步公众号的运营者来说，还需要去授权，才能按照上述操作同步图文内容到微信公众号后台。

步骤 10 开始同步图文内容到微信公众号后，就会出现同步进度条，当进度条达到 100% 后，文案即可成功同步到运营者的微信公众号。

图 7-33　勾选公众号并单击"开始同步按钮"

7.5.2　功能丰富，排版工整

135 编辑器 (http://www.135editor.com/) 主要用于简单的长图文编辑，其主界面如图 7-34 所示。

图 7-34　135 微信编辑器主界面

说到 135 编辑器，利用它来编辑的公众号文案，排版是非常工整的，对于文章成为爆文非常有帮助。

7.5.3　个性排版，利用特色

i 排版编辑器 (http://www.ipaiban.com/) 也是一款很不错的内容编辑器，用户通过微信"扫一扫"功能进行注册，就能在电脑端进行操作了。如图 7-35

所示为 i 排版的主界面。

图 7-35　i 排版的主界面

i 排版可以一键排版，其最大的特色是可以设计签名，运营者可以将设计好的签名和二维码一起放在图文的最后。

传播篇

第 8 章

7 类平台，促进推广

学前提示

新媒体文案撰写者，如果想要利用文案实现更大范围的传播，那么就必须借助一些推广平台。只有借助这些平台，才能够助力文案传播成功。本章笔者将为大家介绍一些新媒体文案常用的推广平台。

- 社交：微信、微博
- 自媒体：今日头条、简书
- 电商：淘宝、京东
- 社群：QQ 群、微信群
- 社区：百度贴吧、豆瓣东西
- 短视频：抖音、快手
- 音频：喜马拉雅、荔枝

8.1 社交：微信、微博

微信、微博作为广大网友常用的社交平台，已经成为进入新媒体领域的人士可以利用和推广的重要平台。在微信、微博等社交平台上，新媒体文案撰写者可以基于其优势来让内容在更大范围内实现传播。

8.1.1 微信平台，不可错过

在移动互联网时代，新媒体进行文案推广，微信平台是一个一定不可错过的平台。如今，不管是企业还是个人，都纷纷带着相关的行业内容进军微信，微信平台成为内容推广的重要领地，也有很多新媒体通过微信平台取得了不错的成绩。接下来介绍一些在微信平台上进行内容推广的相关内容。

1. 微信内容推广的特点

微信使用越来越频繁，从聊天到创业，微信逐渐融入人们的生活当中，成为不可或缺的一部分。微信从研发到拥有 11 亿用户（截至 2019 年 3 月），只用了短短几年时间，不得不说这是一个有着巨大潜力的软件。当然，在文案推广方面，微信内容也是有着其独特的特点的，具体如下。

1) 展现形式多元化

微信内容的推广渠道非常多，除了微信公众号以外，还有微信朋友圈、微信群、"摇一摇""附近的人"等功能。新媒体可以根据自己的账号特点和运营状况选择适合自己的内容推广方式。

2) 传播效率比较高

在微信中推广内容，传播效率比较高。因为微信是一种即时通信工具，新媒体在朋友圈中发布信息，读者可以在任何时间、任何地点查看。而且读者在查看新媒体通过微信公众号推送的信息时，一次只能看一家企业推送的信息，从而保证读者在查看信息时的专注度。同时，微信的实时推送以及一对一查看的方式，确保了每位读者都能看到企业推送的信息，从而实现百分百的到达率。

3) 将朋友变为客户

微信与同类聊天工具比较起来更具有特色，它从以下 3 方面改变了人们的生活。

- 改变了人们的沟通方式。微信改变人们的沟通方式主要表现在：能够传递文字、图片、语音、视频等各种信息；能让人们的沟通不受时间、空间的约束；微信仅仅收取少量流量费用，使人们的沟通成本更低。
- 改变了人们的交友方式。微信从两个方面改变了人们的交友方式：人们的交友方式是保密的，很好地保护了用户的隐私；好友列表只有用户自己看得到，从而提升了微信的私密性。

- 改变了人们获取信息的方式。微信从两个方面改变了人们获取信息的方式：读者可以通过订阅自己感兴趣的信息，来获得有价值的信息；读者的衣食住行、理财娱乐等业务都能通过微信实现。

可以说，微信具有强大的社交黏性，它不仅是一个单纯的聊天工具，更是一种全新的生活方式。它的出现不仅给人们的生活带来了许多便利，而且也让人们的推广思维发生了巨大的改变。

专家提醒

"熟人经济"在微信出现后，越来越被人们所接受。很多人把自己微信中的好友变成了自己的客户。这种角色定位的改变源于朋友之间的相互信任。因为信任你，才愿意信任你的产品。

2. 微信内容推广的策略

新媒体文案撰写者要在微信平台上进行推广，就必须清楚、熟悉一些推广策略。这些推广策略能够帮助广大新媒体文案撰写者少犯错误，获得更好的推广效果。这些推广策略具体有以下几个方面内容。

- 重视标题，标题影响打开率：有吸引力的文案标题才会给公众号带来更多的读者和流量。
- 吸引点击，图片要亮丽、吸引人：图片是新媒体进行微信内容运营时的有力武器，一张合适的图片有时胜过千言万语。图片能给微信用户带来视觉效果，也能为平台上的文案内容锦上添花。
- 打造创意，内容运营要有思路：在日常运营中，新媒体文案撰写者要懂得创意内容的运营思路，例如利用连载的形式勾起读者的观看欲望、把热门事件插入故事中等。
- 把握时机，平台内容发送时的事项：首先，群发前一定要进行预览；另外，选择合适的发送时间是非常重要的，通常有早上 8 点～9 点、中午 11 点半～下午 1 点、晚上 8 点～9 点 3 个黄金时段。

3. 公众号内容推广技巧

微信的火热带动了微信公众号的品牌运营，微信公众号已经成为企业品牌宣传的一个窗口，企业的内容推广离不开微信平台提供的运营机会。下面主要介绍微信公众号的内容推广技巧。

1) 创作有特色的内容

微信公众平台的内容要把握好以下两个要点。

- 个性化内容：个性化内容不仅可以增强用户的黏性，使之持久关注，还能让企业微信公众号在众多账号中脱颖而出。

- 价值型内容：在利用微信公众号进行内容推广的过程中，新媒体一定要注意内容的价值性和实用性。这里的实用性是指符合用户需求，对用户有利、有用、有价值的内容。

专家提醒

不管是哪方面的内容，只要能够帮助用户解决困难，就是好的内容，而且，只有有价值和实用的内容，才能留住用户。

2) 增强内容的互动性

通过微信公众平台，商家可以多发起一些有趣的活动，以此来调动用户参与活动的积极性，从而拉近新媒体与用户之间的距离。除了发布活动外，还可以通过其他方式与用户进行互动，例如通过问卷调查了解用户的内在需求、通过设置各类专栏与用户展开积极的互动等。

商家可以将互动信息和内容结合起来进行推广，单一的互动信息推送没有趣味性，如果和内容相结合，就能够吸引更多的人参与到互动活动中来。

3) 激发好奇心的内容

新媒体在微信公众号上打造内容的时候，想要让用户认真地看完内容，就要用能够激起用户好奇心的内容来引发他们阅读全篇的欲望。具体做法是可以在开头的内容上多下功夫，一开始就激发用户的好奇心要比其他方法的效果好得多。

4) 公众号内容创作方法

在这里，主要讲述"认识我、我的好，关注我"三步法的创作方法，运用好这三步法，能够让新媒体的内容推广效果更上一个台阶，具体内容如下。

- 认识我：因为大多数人没有耐心看完全文，因此可以在第一段就将文案的所有要点浓缩出来。
- 我的好：在下面的段落中将文案的要点慢慢地、一个一个地写出来，加深读者对文案要点的印象。
- 关注我：最后一段，要强化文案内容的要点、主旨和情感等，让用户看了就有关注的冲动。

4. 朋友圈内容推广技巧

微信朋友圈是一个可以随时发表自己当时的动态、心情、图片、分享链接等的地方。人们喜欢在闲暇时刷朋友圈，看看自己的朋友们在做什么。所以新媒体文案撰写者可以利用微信朋友圈来做内容推广，从而获取人流量。接下来，笔者将为大家介绍一些朋友圈内容推广的运营技巧。

1) 内容形式多样化

发朋友圈有 3 种方式，一种是发纯文字（这种内容说服力较弱，不太建议使用），一种是发送图文并茂的内容，还有一种是发送视频内容。

- 图文结合：比单纯的文字更加醒目、更加吸引人，蕴含的信息量也更大。
- 视频内容：视频可以让内容立体呈现，拥有比文字、图片等内容形式更强的吸引力。

2) 内容篇幅不宜过长

一般来说，微信朋友圈只有 5 行能直接展示文字，而对于想要利用朋友圈进行内容推广的新媒体来说，最好是利用前 3 行来吸引用户的目光，这样才能使人们有继续看下去的欲望。否则发布的内容太长，就会发生"折叠"，只显示前几行的文字，而读者必须点击"全文"才能看见文案余下的内容。

微信作为一个社交平台，人们更愿意接受碎片式阅读形式，不喜欢看那种长篇累牍式的文字。因此，对于新媒体文案撰写者来说，不要让自己朋友圈的内容太过冗长。如果有很长的内容，建议将重点提炼出来，让人一眼就能看到。

3) 把握评论区的内容

如果朋友圈的内容太长，且没法精简提炼，此时新媒体文案撰写者可以利用它的评论功能来推广——通过评论功能将更多的信息传递给受众。

因为评论区域是不会折叠的（复制粘贴的大段文字以及一些不兼容的链接除），也就是说无论你发多长的评论，都会全部展现在好友面前。因此新媒体文案撰写者要善于利用朋友圈的评论功能，将他人看不到的内容写上去，或者将一些需要强调的重点写上去。

有人会说，评论有定向隐藏功能，即评论只有部分人能看到，其他人看不到。但事实上，自己给自己评论是没有定向隐藏功能的，也就是说，微信中所有好友都能看到这条评论内容，因此新媒体人不需要有什么顾虑。

4) 突出文案内容的最大亮点

新媒体可以采用强化功能撰写法进行推广，也就是说，在微信中将文案内容的最大亮点展示出来。

5) 及时反馈关注用户

在微信朋友圈发表内容，最终目的是吸引观众，卖出产品，而卖出产品的前提就是要用户对你产生信任。那么如何取得一个陌生人的信任呢？可以借助他人的反馈来博得陌生人的信任，而且这个"他人"最好是这位陌生客户的朋友。因为只有这样，他才能看到他的朋友在朋友圈中的留言，从而对新媒体产生信任。

6) 产品介绍要多角度

新媒体在朋友圈中进行内容推广时，关于产品的介绍要从多个角度出发，除了介绍产品的主要功能之外，还可以包括以下内容，如产品的证明文件、鉴定报告、送货方式、邮寄规则、价格、优惠政策、付款方式、专家对产品的赞赏及评价等。这样能够让用户对产品有一个综合、全面的了解。

7) 提供保障消除信任问题

微信朋友圈虽然做的是熟人生意，但是随着时间的推移和生意的扩展，慢慢地会有越来越多的陌生客户关注，进入新媒体文案撰写者的朋友圈。此时新媒体文案撰写者需要通过打消买家的疑虑来获得买家的信任。

那么，如何消除买家的疑虑呢？可以进行零风险承诺，承诺如果买家不满意，就可以全额退款，或者免费提供相关的服务，以此来提高消费者的购买体验，只有让他们满意了，市场才会慢慢打开。

专家提醒

新媒体文案撰写者将这些问题考虑得越仔细，消费者才会越满意，因此一定要认真对待这些问题。

5. 其他功能的内容推广技巧

除了微信朋友圈、微信公众号之外，还有很多其他的内容推广渠道，例如"摇一摇""附近的人"等。

1) "摇一摇"

"摇一摇"是一种十分强大的交友方式，它主要是利用人们的好奇心，通过摇一摇手机来搜索到同一时间也在摇动手机的用户，然后互相认识、添加好友、进行互动等。微信"摇一摇"是移动社交活动的新模式，它极大地丰富与拓展了人际关系，为新媒体文案撰写者提供了一个文案内容曝光的平台。

"摇一摇"的动作可以带来比"扫一扫"更多的期待感，也增加了用户体验的趣味性。新媒体文案撰写者可以在线下人流量大的地方设置"摇一摇"活动，用户摇一摇，就可以摇出附近商家的优惠内容，尽可能多地达到用户引流的目的。

对于新媒体文案撰写者来说，微信"摇一摇"的方式，无疑为内容推广获取了更多的人脉资源。新媒体文案撰写者可在前期与参与的朋友聊天，当熟悉后，再加为好友，然后在朋友圈发布推广文案、活动等信息，那么好友就能看到推广信息，轻而易举地实现宣传推广的目的。

专家提醒

还可以利用微信公众号，通过"摇一摇周边"的方式将活动内容宣传出去，但是在运用公众号"摇一摇周边"功能前，首先要在微信后台的"添加功能插件"中开通该功能。

2) "附近的人"

"附近的人"是微信推出的一项 LBS 功能，目的就是方便用户交友，它将会根据用户的地理位置找到附近同样开启这项功能的人，使用户能轻松找到身边正在使用微信的其他用户。

所以，可以利用微信"附近的人"功能，进行内容推广。而"附近的人"是一种比较有针对性的推广工具，同时它还推出了各种推广选项，例如"只看女生""只看男生"等，可以根据账号的用户性别定位情况进行选择。

8.1.2 微博平台，便捷分享

在微博平台上，只需要用很短的文字就能反映自己的心情或者发布信息。这样便捷、快速的信息分享方式，使得大多数企业与商家开始抢占微博推广平台，利用微博开启内容推广的新天地。接下来，将介绍在微博平台上进行内容推广需要掌握的相关内容。

1. 注意事项

在运用微博进行内容推广时，有一些需要注意的要点。下面将重点给大家阐述推广微博内容时需要注意的5项要点。

1) 挖掘精准用户

在推广微博内容时，需要寻找精准用户和潜在用户群，这样才能体现出内容推广针对性强的特点。下面介绍一些寻找精准用户群的技巧。

- 话题。微博上常常会出现各种各样的话题，可以根据自己账号的定位，通过这些话题，搜索到参与该话题的人群，这样就能找到自己的精准用户群。
- 微群。微群是一个供相同兴趣爱好的人一起交流互动的平台，可在微群中建立与自己经营范围相关的话题，然后进入微群里的用户就是你的目标用户。
- 标签。新媒体可以通过分析微博用户的标签，然后按照年龄、性别等方式对他们进行归类，如果你的目标用户正好和某一人群重合，则这类微博用户就会是你的潜在用户，此时即可利用内容来吸引这些人群。

2) 提高用户转化

找到目标用户或潜在用户后，就应该想尽一切办法，将他们变成自己的粉丝。将目标用户转变为粉丝的方法有以下3种。

(1) 主动关注。不能一直等着别人来关注自己，应该学会主动出击，主动关注目标用户的行为。一般情况下，用户在得到新粉丝后，微博都会通过信息来提示，此时很多人都会习惯性地点击回访一下关注人的微博。另外，还可以主动给进入过自己微博的用户发送私信，来引导用户关注自己。

(2) 打造灵魂。想要为微博增粉，就必须打造优质内容。而打造优质内容的方法可以是发布自己的想法、心情或身边的趣事、新鲜事等。若想要赢取用户信任，就一定要让他通过微博感受账号的真实，而不是一个冷冰冰的机器，不要只发布一些推广信息和文案，还可以多发布一些与生活相关的事情、段子、图片、事实和经验等。

（3）评论和转发。可以在微博用户的博文下写一些有价值、有深度的评论，这样能引起微博用户的注意力。除了评论外，还可以转发博文，这样会让用户觉得受宠若惊，从而增加对账号的关注。通过评论和转发，可以与用户建立起一座互粉的桥梁，届时用户成为你的粉丝也就不是一件难事了。利用这种方法进行推广需要持之以恒，并且要用心去评论别人的信息，才能取得好的效果。

3）在最佳时间发布内容

微博用户碎片化阅读特征非常明显。因此，新媒体在运用微博进行内容推广时，要注意微博内容发送的时间段，以获得更多的关注。一般来说，上班时间段（8～9点）或者工作日下班后的时间段（18～23点），内容推广的价值比较大。此时的转载率是最高的，主要原因如下。

- 8～9点：是需要关注的时间点，此时人们在上班，但可能会忙里偷闲刷一刷微博，因此比较适合推送内容。
- 18～23点：晚上是用户互动的热情高涨时期，但微博发布的内容量急剧减少。所以，18～23点才是发布文案的最佳时间段。

4）不能只注重各项数据

很多人认为，某条微博的评论数或转发数非常大，就觉得这条微博的推广效果不错。

其实不然，仅用评论数和转发数来评判微博推广的效果并不那么精准，因为有些转发也是无价值的。因此在进行微博推广的时候，需要从以下两方面对推广效果进行判定。

（1）水军。有些人将微博推广外包给其他中介公司来做，而这些中介公司有时候为了让推广效果从表面上看起来特别好，就雇了大量水军进行转发和评论，但这些水军并不是真正的粉丝。因此想要获得真正的粉丝，还必须整治水军账号，谋取真正的粉丝转发量。

（2）质量。发微博需要注重内容的质量，而所谓的质量，就是指在推广内容的过程中，要考虑"评论中有价值的评论有多少？""转发里是否存在高质量账号""高质量账号有多少"。如果这几个数据都很低，那么内容推广的效果也会不好。

5）做好与粉丝间的互动

有些人在进行内容推广的过程中，由于方式多样，造成忙不过来的情况，他们就会请一些兼职，规定他们只要平均每天发一条微博内容，就算微博推广任务基本完成。这样做的后果很有可能削减微博推广的效果。

微博内容推广的关键就在于内容发布后，不断地与用户进行互动，来保持或增加用户对微博的关注度。因此，微博推广并不局限于发布内容上，它是由很多小环节，一环扣一环组成的。

2. 运营方法

微博是一个能聚集用户、让人们交流的地方，在这里每天都能产生新鲜的事件、话题，所以可以利用微博的特性进行内容营销。接下来为大家介绍微博内容推广的常用技巧。

1) 招收好人才

推广微博内容不是一件轻巧的事情，每个想要通过微博内容来打造互联网品牌的新媒体，都必须招纳专门的内容推广、策划人才。关于微博的内容推广、策划人才，通常需要具备以下两大职业素养。

- 具备所属行业内的专业知识：只有具备专业知识，才能对行业信息进行正确的判断，保证所发布的内容质量。
- 具备一定的媒介洞察力和素养：只有具备一定的媒介洞察力和素养，才能够策划出读者喜欢的内容推广方案。

2) 向对手学习

商家要善于向竞争对手学习，对于同一个产品或者同一项服务，商家要仔细研究对手的内容特点，然后取长补短，找出自己的优势，将自己具备而对手不具备的优势在微博内容中体现出来。

但是在与对手比较的过程中，要注意不能刻意诋毁对手，要站在客观的角度去进行内容创作。不能为了达到自己想要的营销效果，就刻意去诋毁对手，这样容易在读者心目中树立不好的形象。

3) 打造好内容

在微博上进行内容推广，最好的方法是写 140 字的微博内容，虽然可以发长微博，但人们不会花费太多的时间去仔细查看长篇大论的微博，因为人们对精简的微博内容会更感兴趣一些。但是发 140 字的微博内容需要掌握以下几点技巧。

(1) 快速吸引读者。在进行微博内容推广的时候，要在前面几十个字以内就吸引住读者的眼球，这样才会有效果——要尽量在微博内容的前 40 个字内突出主旨。

对于微博新媒体来说，在前 40 个字就吸引住消费者眼球是一种非常不错的内容推广技巧。但是对于读者来说，见到这种内容信息，还是要有一定的判断能力，注意不要上当受骗。

(2) 疑问结尾。在微博内容的最后，新媒体文案撰写者可以用一个疑问来结尾，这样就相当于抛出一个话题来供阅读者讨论，以引起更多人的共鸣。

(3) 罗列信息。微博内容推广可以使用1、2、3等编号形式，将微博内容的信息罗列出来，能够更清晰地阐释文案内容。

4)"蹭"热点

大家在微博热门话题中可以找到热门微博、热门话题、综合热搜榜等方面的内容。因此，可以借助时下的热门话题来吸引人们的关注，将电商内容和热门话题相结合，可以有效地提高用户的关注度。

热门话题的阅读量通常都比较高，拥有强大的流量，这对新媒体文案撰写者进行内容推广来说，是非常有利的。

5) 巧用"@"

在微博内容推广中，"@"这个功能非常重要。有时候可以在博文里"@"名人微博、知名博主的微博、媒体微博或者企业微博等。如果这些媒体或名人回复你的内容，那么很有可能获得一批粉丝的关注，从而扩大了自身微博的影响力，还有的可以通过知名博主的微博来"@"企业自身，也就是直接借助知名博主来给自己打广告。

专家提醒

使用"@"功能，其实就是借助他人影响力扩大自己的影响力，是一种"借力"行为，这种推广技巧是新媒体文案撰写者必须要掌握的。

8.2 自媒体：今日头条、简书

除了社交平台外，自媒体平台同样成为新媒体文案推广的重要阵地。接下来，笔者将为大家介绍今日头条、简书等主流的自媒体平台，带领大家去了解文案的推广。

8.2.1 今日头条，扩大影响

今日头条媒体平台又称为"头条号"，是由"今日头条"推出的一个媒体/自媒体平台，它可以帮助各种企业、个人创业者以及机构等进行内容推广，扩大自身影响力，增加产品曝光率和关注度。接下来将从以下几个方面介绍今日头条平台的内容推广技巧。

1. 发布内容

在今日头条上，用户可以发表采用文章、视频、图集以及趣味测试等形式去发布内容。

专家提醒

运营者在发表文章的时候，可以写一些介绍自己产品的文章、视频，这样就可以达到产品推广的目的。但是需要注意今日头条的发文规则，在规则允许的范围内推广自己的产品。

2. 内容管理

在左侧的导航栏中，选择"文章管理"选项区中的"手动更新"选项，即可手动更新文章内容，并且可以对文案进行修改、置顶、分享等操作。

其中，新媒体文案撰写者可以把优质的、最近的内容置顶，让关注账号的读者一眼就可以看到这一篇文案。而优质的内容是受到读者欢迎的，有利于促进文案的推广、传播。至于分享操作，更是促进文案推广的必要途径。

3. 评论管理

选择"文章管理"选项区中的"评论管理"选项进入其页面，新媒体文案撰写者可以在此与读者进行互动交流，推荐、回复或者举报读者对内容的评论。

同时，对于新媒体文案撰写者来说，评论区也是一个内容推广的重要领域。撰写者可以直接在评论区给留言的读者发送与文案相关的信息。

或者，文案撰写者可以自己在文案下面评论，这样只要点开文案的读者，浏览到最后就可以看见撰写者留下的评论，这样自然就可以对推广的文案起到宣传作用，增加文案的曝光率。

4. 用户分析

用户分析包括新增用户、累计用户、新增订阅、累计订阅等关键数据及其详情图表，以及性别比例、年龄分布、地域分布、终端分布、兴趣探索等数据分析。对平台用户进行分析，能够帮助新媒体文案撰写者更好地针对用户需求，提供他们最想要的内容。

5. 订阅用户

在此列出了所有订阅该账号的用户，也可以点击"关注"链接来关注这些用户。收集数据、整理数据之后，就要对数据进行分析，需要将数据进行对比、分析趋势变化并且找出其中的特殊点，再结合平台的具体情况进行分析。

例如看到某个时间段，阅读量突然暴增或者突然骤减，这个时候文案撰写者就必须去了解这些时间段内推送的文案是什么，都有什么特点，然后查出导致阅读量暴增或者骤减的原因。

例如平台的新增用户在某个时期突然持续性地暴增，那么很有可能平台在这个时间内发布活动了，从而导致用户持续性增加，也有可能是其他原因导致平台用户持续增长。新媒体文案撰写者需要根据这些数据，将深层次的原因找出来，为以后的内容推广打下基础、积累经验。

6. 运营策略

如今，很多已经成为超级 IP 的网络红人都开通了头条号来传播自己的内容和品牌，以及实现内容变现的目标，如吴晓波频道、袁腾飞等。

另外，在拥有海量用户的"今日头条"APP 中，头条号为其带来了更多的优质内容。对于用户来说可以获得更好的使用体验，而对于创业者和企业来说，可以拴住更多用户的"心"。同时，"今日头条"APP 采用大数据算法，让你创作的内容可以快速、精准地送达目标用户的手机上。

如图 8-1 所示为头条号的 3 大亮点。头条号的口号是"你创作的，就是头条"，入驻媒体、自媒体等创业者可以在头条号中专注内容创作，并通过"头条广告"和自营广告等途径产生更多的变现。

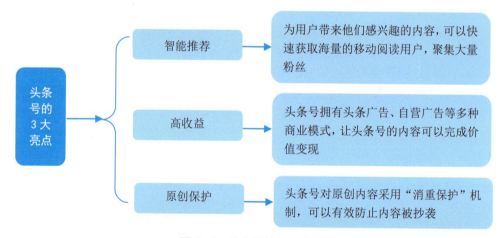

图 8-1　头条号的 3 大亮点

8.2.2　简书平台，专题投稿

简书平台是一款集写作与阅读于一体的社交型互联网产品，同时也是一个基于内容分享的社区。简书平台在推文引流方面有自己独特的优势，新媒体文案撰写者可以在该平台上进行内容推广。

1. 发布文案

与其他新媒体平台不同，简书是一款优质的写作软件，其写作编辑很有平台自身的特色。新媒体文案撰写者登录简书平台后，可进行文案推送。下面介绍运营者在简书平台上发文的步骤。

步骤 01　单击简书首页"写文章"按钮，如图 8-2 所示。进入相应页面，单击"新建文章"按钮，如图 8-3 所示。

图 8-2　单击"写文章"按钮　　　　图 8-3　单击"新建文章"按钮

步骤 02　执行此操作后，进入"文章编辑"页面，新媒体文案撰写者可以在该页面进行文案内容的编辑，如图 8-4 所示。文案编辑完成后，单击右上角"发布文章"按钮，进入发布页面，新媒体文案撰写者可对文案进行专题投稿，然后等待专题的编辑收录，收录后简书的更多用户才能看到发布的文案。

图 8-4　"文章编辑"页面

2. 查看相关数据

简书主要以内容为王，其文案数据一般只有阅读量、评论数和喜欢量 3 个方面，且查看的方法也很简单。新媒体文案撰写者登录简书后，然后单击右上角头像图标下的"我的主页"按钮，就可以查看所有发布的文案和相关数据。如

图 8-5 所示为"手机摄影构图大全"简书号的文案。

图 8-5　"手机摄影构图大全"简书号的文案

3. 打赏设置

在简书上,"打赏"是平台的特色功能之一。新媒体文案撰写者启用打赏功能后,打赏按钮会出现在文案的底部。新媒体文案撰写者可以设置打赏功能,单击右上角头像图标下的"设置"按钮,进入设置页面,单击"打赏设置"按钮,即可进入相应的打赏设置页面,如图 8-6 所示。

图 8-6　"打赏设置"页面

8.3 电商：淘宝、京东

电商平台作为广大读者较多关注的平台，同样可以为新媒体文案撰写者提供推广机会。接下来为大家介绍淘宝、京东等平台的文案推广。

8.3.1 淘宝平台，双重目的

对于新媒体文案撰写者而言，淘宝平台是一个绝对不可错过的平台。淘宝本身就是一个主流的电商平台，随着新媒体内容的兴起与发展，淘宝也开始推陈出新，将内容纳入平台，进行产品和品牌推广。接下来介绍在淘宝平台上进行文案推广的相关内容。

1．"有好货"

淘宝平台上有一个"有好货"流量入口，新媒体文案撰写者通过"有好货"进行推广，也能达到推广文案和产品的双重目的。

"有好货"对于达人的依赖性并不强，达人只是产品进入"有好货"平台的入口，而它的主要流量来自淘宝网首页、手机淘宝首页以及系统消息推荐，由此可见"有好货"平台本身就具备了独特的优势。

1) 位置较佳

在手机淘宝终端，"有好货"位于"淘宝直播"入口的下方，"天天特卖"的右侧，位置优势明显。点击进入后即可看到精选、电器馆、时尚馆、美妆馆等栏目。

2) 单品展示

"有好货"主要为单品展示，商家可以运用专业的文案，并搭配白底或者实景的产品图片，即可吸引精准的点击率。对于那些优质产品，淘宝都会根据好评率、销量等商品和店铺数据来推荐这些产品，扶持有潜力的单品，为其带来更多的流量。

3) 展示面积大

在淘宝的电脑端页面中，"有好货"可以获得较大的展示面积，有利于为商品引流。

需要注意的是，"有好货"不是发布后就会一直保留在页面上，系统每隔一段时间都会排除一些质量不佳的选品和图片。因此，入驻"有好货"平台的新媒体，需要从封面图布局、店铺要求等多个方面来提升产品及其文案的曝光度。

手机淘宝首页的"有好货"入口图片的筛选标准主要有以下几项。

- 图片为纯白底。
- 主体完整、清晰、突出，四周有均匀的留白空间。

- 图片上只能出现单个产品：投放多个产品，即使是相同款式，只是颜色，尺寸，规格有差异的，不予采纳。
- 其他不被采纳的情况，如主体颜色太浅、缩小后几乎不清晰、主体不知为何物、商品过于普通、有多余的装饰物、图片不美观等。

在"有好货"平台中，除了图片内容外，文字内容当然也不能少。不过"有好货"平台上的文案讲究的是精练，新媒体可以通过一些简短的语言来体现产品的卖点和优点，这样更能够打动消费者。同时，主页上的产品文案要尽可能简练，突出重点，以吸引买家关注，通过好的图片搭配适当的文案，才能提高内容转化率。

专家提醒

新媒体在写产品文案的时候，需要注意以下事项。
- 不能只堆砌"百搭"关键词，而无实际导购价值的文案。
- 不能出现带有时效类的信息，如：促销信息、包邮、买一送一等。
- 不能提交字数过少、无亮点、无价值的推荐文案。
- 可以提炼店家的宝贝详情页的介绍，但不能直接抄袭。

在有好货的"格物志"栏目中，集中了不少对用户有用的生活常识和技巧，同时新媒体可以通过图文内容巧妙地将产品融入其中。这样不但能快速吸引用户关注，还可以为产品带来不错的流量。

专家提醒

有好货要求达人所有的内容必须是原创，而且文案撰写需要体现出较强的导购包装能力，并具有一定的美工基础。

2. "淘宝头条"

淘宝未来的发展方向是"内容化＋社区化＋本地生活服务"，在其驱动下，推出了"淘宝头条"平台（又称为淘头条）。另外，用户也可以通过下载专门的"淘宝头条"APP来使用其中的功能。如今，"淘宝头条"已成为国内最大的在线生活消费资讯媒体平台。

那么，在"淘宝头条"上，新媒体应该掌握哪些文案推广方面的内容呢？下面进行具体介绍。

1）内容形式

在"淘宝头条"中，新潮流趋势相关的资讯内容是最受欢迎，也是最容易通过的内容形式，而且这种内容的覆盖范围非常广泛，包括服饰穿搭、居家、数码、户外等各个领域。

例如，Lady美人日记发布的美搭课程，为用户解读各种穿搭类时尚潮流趋势，每期都可以获得很高的阅读量。另外，3C 数码等前沿科技产品的首发信息同步、解读等内容形式也是比较受欢迎的。

新媒体文案撰写者要借助淘宝头条进行文案与产品的推广，那么就必须清楚淘宝头条的内容形式。淘宝头条的内容形式主要有以下几种。

(1) 明星话题。明星话题包括 4 种内容形式，具体如图 8-7 所示。

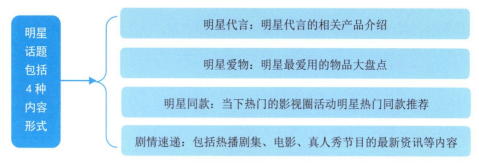

图 8-7　明星话题包括 4 种内容形式

(2) 热点话题。在不同的地域、时间等维度下，通常会产生一些热点话题，这也是新媒体文案撰写者需要密切关注的，将其与产品结合可以带来更强大的轰动效应。热点话题具体可以分为以下 3 种形式，如图 8-8 所示。

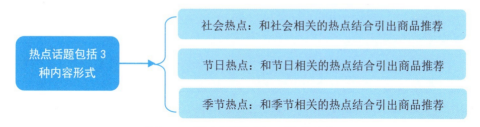

图 8-8　热点话题包括 3 种内容形式

(3) 产品盘点。产品盘点可以细分为 4 种类型，即奇特单品、性价比商品推荐、潮流单品和不同适用类型产品推荐。在创作产品盘点内容时，文案撰写者要学会围绕不同主题进行组织的多个产品集，相关技巧如图 8-9 所示。

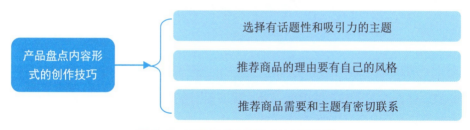

图 8-9　产品盘点内容形式的创作技巧

(4) 经验技巧。比较实用的生活知识以及经验技巧分享，如美容美体技巧、穿搭技巧、怀孕育儿技巧和生活家装技巧等，也是淘宝头条的优质内容。

需要注意的是，在创作经验技巧类内容时，一定要巧妙地将产品融入这些经验技巧中，不能太过于直白，更不能先讲技巧，然后放一堆产品。这样读者在面对这些产品时，会无所适从。同时，一定要突出内容给用户带来的实用价值，而且必须是切实可用的。

另外，其他和生活、娱乐、消费相关的新鲜资讯，以及根据淘宝头条自产栏目的内容需要向合作伙伴邀稿等，这些都是上淘宝头条的好机会。

2) 推广技巧

对于新媒体和商家来说，只需在一个自然月内按照要求发布 15 条内容，只要其中的 12 条内容被审核通过，即可获得头条白名单资格。之后，即可进行头条投稿，每天最多可以发布 5 条头条内容。

发布头条内容后，还需要对其进行优化，让内容更加优质，这样才能更好地实现推广目标。接下来介绍淘宝头条推广的技巧。

(1)"专题"内容。在"淘宝头条"中，展示了一些专题内容。通过这些内容，可以帮助商家、用户提升阅读效率。尤其对于商家来说，可以通过加入各种专题，增加其内容的曝光量。

(2)"收藏""分享"内容。在"淘宝头条"中有"收藏"和"分享"功能，商家可以通过这些功能将自己的产品分享到社交网络上。同时商家还可以鼓励微信好友点赞和帮忙转发。

(3) 热门文案评论。淘宝头条中的文案浏览量都比较大，在几万到几十万不等。虽然浏览量很大，但是评论的人数比较少，更容易找到相关信息，因此商家可以利用热门文章的评论进行推广，效果也很不错。

同时，商家还可以进行评论推广——找到同行业的热门文案，或者在自己创作的文案中，与消费者进行交流。

专家提醒

需要注意的是，不管什么平台都是屏蔽广告的，因此在利用评论引流时，不可在评论中直接附带链接，而是需要利用文案的形式进行评论。

8.3.2 京东平台，内外兼容

京东是国内数一数二的电商平台，旗下拥有京东商城、京东金融、京东云等产品品牌，在这里主要介绍京东商城。

同淘宝一样,在传统电商领域,京东商城拥有数一数二的行业地位,在粉丝经济时代,京东同样也看中了内容推广这一块"肥肉"。在 2016 年 9 月,京东同今日头条平台推出了一个"京条计划",该计划具体涵盖的内容如图 8-10 所示。

"京条计划"主要涵盖 3 个方面内容。
➢ 一是京东在今日头条上开设一级购物入口"京东特卖";
➢ 二是基于今日头条大数据能力的精准广告投放;
➢ 三是双方将共同开展基于兴趣阅读的电商合作,通过导购、分佣等模式,帮助更多的头条号变现。

图 8-10 "京条计划"涵盖的 3 个方面内容

京东与今日头条合作,推出"京条计划",其主要目的之一是:在头条平台上打通一个流量入口,借助今日头条平台,为京东商城进行引流。未来在头条平台上,用户在进行内容阅读时,将会体验到京东提供的电商服务。

京东与今日头条平台推出合作"京条计划"的举动,是京东商城通过文案推广进行营销的一个重要举措。除与外部合作外,京东平台还在商城内部推出了一些相应的内容模块,如京东快报、京东直播等,开始掘金内容市场。

1. 京东快报

在"京东"APP 的"首页"界面上,可以看见一个"快报"功能。该功能是一个向上翻滚的广告栏,如图 8-11 所示,同时它也是手机京东商城上的一个流量入口,更是一个有巨大价值的内容模块。在"快报"功能中,用户可以看见手机京东上比较热门或者正在进行促销活动的商品,只要点击向上翻滚的信息,就可以进入"快报"页面,如图 8-12 所示。

图 8-11 "快报"功能

图 8-12 "快报"页面

专家提醒

"快报"功能,通过简短但极具吸引力的一行内容,向用户传递了手机京东商城中有价值的信息,并且将用户引导到相应的资讯页面,实现了精准推广,为促进用户购买提供助力。

2. 京东视频

在手机京东 APP 上,除了拥有"快报"这一内容模块外,还有其他的一些内容模块,其中有一个大家一定要了解的内容模块,那就是"京东视频"功能。

新媒体通过"京东视频",在平台上进行与产品相关的直播活动,聚集人气、展示产品,并且引导受众去购买商品。如图 8-13 所示是微信公众号"手机摄影构图大全"的构图君,在京东直播中开展的一场直播视频。

图 8-13 微信公众号"手机摄影构图大全"在京东直播中开展的直播视频

专家提醒

这种搭载了购买渠道的直播视频,能够在短时间内聚集大量的人气,同时因为互动性强,也能够在短时间内促使、引导受众购买产品,从而实现新媒体账号的推广与变现。

8.4 社群:QQ 群、微信群

在互联网迅速发展的推动下,我国已走进社群经济时代,每一个社群里的成员或是有共同的爱好,或是有共同的目标。总之,社群内的成员是由某个点来维系的。而新媒体文案撰写者在推广的过程中，要做的是撬动这个点，让受众关注自身的创作内容。

8.4.1 QQ群，方便交流

腾讯QQ作为一个出现得较早的社交平台，积累了海量用户。当然，新媒体文案撰写者也看到了QQ作为推广平台的重要意义所在，因此，为了让自身内容得到更多读者的认可，提升读者黏性，于是建立了集聚众多读者的QQ群，方便大家沟通和交流。那么，在QQ群中，自媒体文案撰写者应该怎么做才能促进文案推广呢？

1. 文案方面

在QQ群中推广文案，首先需要确保文案内容优质。具体来说，要确保文案优质，需要注意4个方面的问题：一是有自己的独特的观点，二是把产品信息介绍详尽，三是要学会分享干货，四是要传递正能量，树立良好口碑。

例如，致力于打造美食的新媒体可以通过QQ群发布一些关于美食制作的技巧，或者是配上带有文艺气息的文案，就能有效吸引受众的注意力，从而增加受众黏度，打响新媒体品牌。

2. 运营方面

利用QQ群来实现文案的推广，无论你是群主还是群成员，都应该注意一些技巧，这样才能不让自己被群友厌弃，进而确保群成员不会退群或自己不会被踢出群。那么，新媒体文案撰写者应该怎么做呢？具体如图8-14所示。

3. 价值感方面

这里所说的价值，指的是新媒体文案撰写者在QQ群中所树立起来的文案的价值。对新媒体文案撰写者来说，既然你的文案是优质的，那么你要做的是让群友觉得你的文案是有价值的，而不是廉价的。关于这一点，就需要从以下两个方面作出努力。

- 避开免费字眼：即使新媒体文案是优质的，但是为了吸引群友关注，免费是在所难免的。然而在推送的时候，新媒体文案撰写者最好避开免费字眼，应该从文案的价值入手进行推广。否则很容易让群友误解：免费的东西一般都是没有价值的，自己还是不要浪费时间去看了。可见，在QQ群中进行推广时不要提及免费，因为这是一种让自己推送的内容大大贬值的行为。

```
                    ┌─ 开始的时候，文案撰写者与群友是陌生的，此时就需要让自
                    │  己被人信服，将自己融入进去。特别是在语气上，要以对话
                    │  的口气传递信息，不能把群友放在对立面上
                    │
新媒体文              │  在进行文案推广时，新媒体需要进行适当的指导，这样才能
案撰写者  ────────┤  让群友明白你的意图。特别是关于链接，更需要巧妙引导，
在 QQ 群             │  消除他们的顾虑
内的运营             │
技巧                  │  更重要的是，不能在没有铺垫或没有任何感情基础的情况下
                    │  去推广。如果你是群主，面对新成员时，需要先问候并频繁
                    └─ 互动，然后再推广；如果你是群成员，应该先在群里混个脸熟，
                       然后再进行推广
```

图 8-14　新媒体文案撰写者在 QQ 群内的运营技巧

- 打造紧迫感：在 QQ 群中进行推广文案时，不要让群友产生一种"文案任何时候都能看到，等有需要的时候再看"的感觉。这样很容易让人懈怠甚至遗忘掉你推送的文案。因此，新媒体文案撰写者应该给出一个具体的期限，过了这个期限就无法再看或需要付费查看，从而产生一种紧迫感，就会激励群友快速下载或查看内容。

8.4.2　微信群，邀请推广

说到微信群，它与 QQ 群极其类似，不同的是加入的方式存在差异——QQ 群是可以通过搜索来申请加入的，而微信群只能通过邀请才能加入。因此，利用微信群进行新媒体文案的推广，除了注意与 QQ 群推广遇到相同的问题外，还需要从以下两个方面下功夫。

1. 培养一定数量的铁杆粉丝

通过微信群进行推广，首先需要积累一定的铁杆粉丝，这样才有利于后期的微信群运营和用户积累。新媒体文案撰写者可以通过制订详细的粉丝计划来大力培养自己的铁杆粉丝，树立相同的观念，最终成功打造成拥有铁杆粉丝的微信群。

新媒体文案撰写者在"培养铁杆粉丝"的过程中，可以从以下 3 方面出发，一步一步地进行铁杆粉丝的培养计划。

- 聆听受众的心声、与受众互动、耐心地与受众对话。只有这样，粉丝才能感受到被尊重的感觉，提升受众体验。
- 从粉丝需求出发，通过奖励来提升粉丝的活跃度。分析粉丝的需求、制

订好奖励计划，送上受众需求的礼品，这样能大大地增加粉丝的良好体验，进一步巩固粉丝的留存率。
- 与粉丝进行线下活动。新媒体可以在微信群运营过程中发布一些活动，为粉丝提供参与的机会、有趣好玩的经历以及优质的受众体验，使其获得更强烈的粉丝认同感，从而与受众维持亲密关系。

2. 打造口碑，让受众乐于推广

在微信群运营中，想要顺利实现受众的"智造"，就需要使用一些小窍门，比如赠送礼品、受众之间的口碑推荐等来打响新媒体品牌，为品牌树立良好形象。

而口碑的打造是需要粉丝的努力的，主要是在粉丝认可产品、品牌的基础上，心甘情愿地推荐给自己身边的人，从而形成良好口碑。

赠送礼品是树立产品好口碑的较好途径，因为受众很多时候在乎的是实际的利益，如果新媒体在微信群中营造了赠送礼品、优惠券、折扣等良好氛围，那么受众自然而然就会主动帮忙宣传，传播品牌。

8.5 社区：百度贴吧、豆瓣东西

在互联网时代，网友通过各种各样的途径聚集在一起，这些人流聚集的地方成为新媒体进行文案推广的最佳场所，如社群与社区。相较于社群来说，虽然在用户黏性上稍逊一筹，但是社区的人流量更大，因此，作为一个被选中的推广平台，也是有着重要作用的。

8.5.1 百度贴吧，志同道合

百度贴吧是一个以兴趣主题聚合志同道合者的互动平台，让拥有共同兴趣的网友可以聚集到一起进行交流和互动。同时，这种聚集的方式，也让百度贴吧成为新媒体文案推广常用的平台之一。那么，如何有效地在百度贴吧上进行推广呢？主要有以下6种方法。

1. 根据需要选择冷热门贴吧

新媒体选择冷门贴吧和热门贴吧进行推广是有很大区别的：选择冷门贴吧的好处是可以在贴吧中发布广告内容而不会很快被删除；选择热门贴吧的好处很显然，可以获得很高的流量，但如果含有明显的广告信息就会被立马删除。

例如一个进行推广的冷门帖子，人流量不是很多，但只要搜索关键字"新媒体"就能被网友发现，如图8-15所示。

另外，新媒体文案撰写者可以将两者相结合，更好地利用它们各自的优势进行推广。首先，运营者可以撰写一个具有新媒体详细信息的帖子，然后把这个帖子的链接复制下来，去各大贴吧中找到与其产品相关的帖子进行回复，并粘贴链接，因为回复帖子是允许插入链接的。

图 8-15　通过发布冷门帖子进行推广

2. 内容涉及宣传一定要用软文

帖子的内容是在贴吧发帖最重要的部分，这部分把控的好坏会直接影响贴吧推广的效果，具体如图 8-16 所示。

图 8-16　使用软文帖子的好处

新媒体在贴吧中使用软文进行推广，除了以上 3 个好处外，在工作量上面也是很有优势的。新媒体在选好要发布的文案后，就只需与感兴趣的读者进行互动，解答他们的问题，就可以源源不断地收获用户，为后续的文案推广奠定基础，当然这也取决于软文的效果，如图 8-17 所示。

3. 内容结合时事热点进行推广

帖子要想成为贴吧中的热门帖，内容一定要结合热点。比如一些时事新闻或者娱乐八卦，都能很好地吸引网友的眼球，从而提高点击率，提高推广的效果。

4. 标题关键词设置要有吸引力

对于标题关键词设置的重要性已经不需要强调了，关键词越多，被搜到的可能性就会越大。

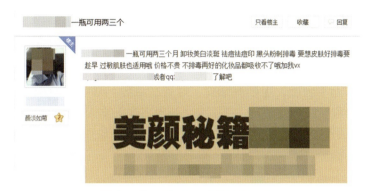

图 8-17　使用软文帖子进行推广

5. 充分利用目前火爆的直播功能

目前各大平台里的直播功能都很火爆，还推出了专门的直播 APP，所以，贴吧的直播功能也是一个很好的推广方法。下面简述在百度贴吧手机端进行直播的方法。

打开手机百度贴吧，点击 ➕ 图标，弹出相应界面；点击"直播"按钮，就可以在贴吧中进行直播了，如图 8-18 所示。

图 8-18　在百度贴吧中进行直播引流

6. 申请成为贴吧的吧主

在百度贴吧中，维持贴吧秩序的除了百度管理员就是贴吧的吧主，因此如果能很好地运营一个贴吧的话，就能获得很好的推广效果。

在百度贴吧中，有很多没有吧主的小贴吧，新媒体文案撰写者可以尝试着去申请吧主，然后利用吧主的权限在贴吧内发布相关信息进行推广，同时也要对竞争对手的广告进行删除，让贴吧内更多地保存自己的信息。

8.5.2 豆瓣东西，图文推广

在豆瓣东西平台上，主要有图文、豆列、海淘、APP等几大模块。这些模块都是进行内容推广的好地方。接下来，笔者将以图文模块为例，为大家介绍在"豆瓣东西"平台上进行文案推广的相关内容。如图8-19所示为"图文"模块页面。

图8-19 "图文"模块页面

在该模块下总共分为了"全部""女生""数码科技""开箱亲测""海淘"这几个分类栏。在这些分类栏中，有用户发表的各种类型的图文内容。这些图文内容形式不一，有的是以"图文+商品链接"模式编写的，有的单纯是以"图文"模式编写的。

但是，无论是哪一种模式编写的图文内容，它都能够起到产品宣传与推广的作用，都能够形成内容推广模式。

如图8-20所示为"图文"模块中一篇图文信息的部分内容。在这篇图文信息中，文案撰写者给大家推荐了一些产品，并且附上了相应的购买链接，这样不仅推广了文案，还为有意愿购买的读者提供了购买渠道，实现了通过内容引导读者到平台上购买产品的目的。

其实豆瓣东西平台上的"图文"模块中的图文信息，在一定程度上也是商家的一种文案营销方式，通过向读者分享产品、推荐产品的形式，不仅推广了产品，还可以给读者提供购买渠道，促进读者购买。

图 8-20　"图文"模块中一篇图文信息的部分内容

商家如果要在"图文"模块中进行内容推广,那么就可以在平台上与相应的豆列创始人达成合作关系,让他们通过发布图文消息的形式推广自己的产品。同时,商家也可以自己在平台上发布图文消息进行产品推广、宣传,吸引读者关注文案和产品,从而实现推广和营销。

8.6　短视频:抖音、快手

随着各种短视频平台的兴起与发展,短视频成为广大新媒体文案撰写者常采用的一种推广途径。新媒体文案撰写者可以借助短视频推广,近距离接触自己的目标群体,进而将这些目标群体开发为自己的用户。

8.6.1　抖音平台,要有价值

"抖音短视频"是一个专注新生代的音乐短视频社区。抖音利用其平台特色,曾连续占据了苹果应用商店下载量第一的位置,并在 2018 年春节期间吸引了高达 6000 万的受众关注。对于这样一个拥有大流量的视频平台,新媒体文案撰写者又怎能舍弃呢?

这个 2017 年年末突然大火的社交类平台,不仅让多年前的歌曲,如《醉赤壁》《短发》等又火了一把,让海底捞、一点点等品牌大放光彩,更带动了重庆洪崖洞、西安摔碗酒和四城稻城的旅游业,其影响力可见一斑。

其实,只要处理得当,抖音也能成为一个宣传新媒体文案的重要阵地。总的来说,抖音推广的关键就是要把握好以下 3 个字。

1. "颜"

关于"颜值"的话题，从古至今，有众多与之相关的，如沉鱼落雁、闭月羞花、倾国倾城等，除了表示漂亮外，还附加了一些因漂亮引发的效果。可见，颜值高，还是有一定影响力的，有时甚至会起决定作用。

这一现象同样适用于抖音推广。当然，这里的颜值并不仅仅是指人，它还包括好看的事物、美景等。运营者可以通过将具有颜值的人和事物，加入文案中，让受众看到更有"颜"的文案。

从人的方面来说，除了先天条件外，要想提升颜值，有必要在自己所展现出来的形象和妆容上下功夫：让自己看起来显得精神，有神采，而不是一副颓废的样子，这样也是能明显提升颜值的办法。

从事物、美景等方面来说，是完全可以通过其本身的美再加上高深的摄影技术来实现的，如精妙的画面布局、构图和特效等，就可以打造一个高推荐量、播放量的短视频文案。如图 8-21 所示为有着高颜值的美食、美景短视频内容。

图 8-21　高颜值的美食、美景短视频内容展示

2. "惊"

俗话说："物以稀为贵。"同样的，在抖音中，那些能让人一瞬间感到吃惊的视频，总是会吸引更多人点击播放。因为既然有"惊"，就表示视频内容已经在某一点上触动了受众，进而发生点赞、评论和转发等行为也就顺理成章了。那么，什么样的文案内容会让人吃惊呢？一般来说，主要有 4 种情况，具体内容如图 8-22 所示。

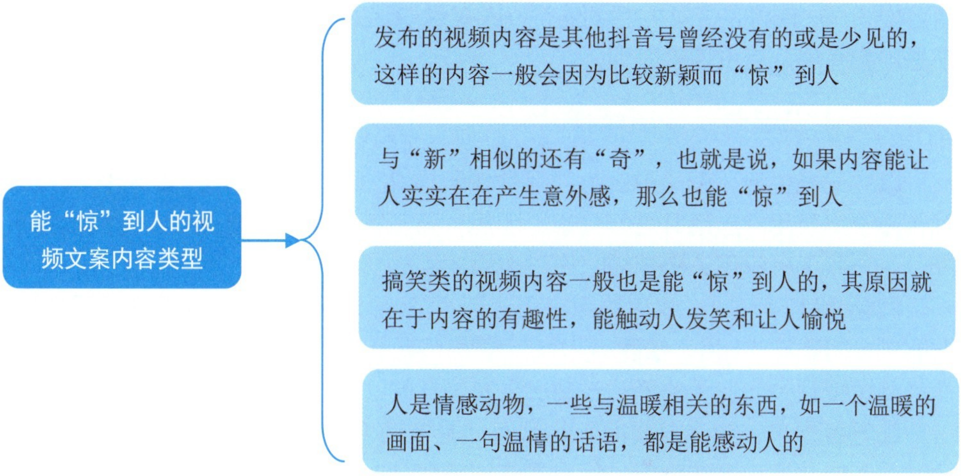

能"惊"到人的视频文案内容类型：
- 发布的视频内容是其他抖音号曾经没有的或是少见的，这样的内容一般会因为比较新颖而"惊"到人
- 与"新"相似的还有"奇"，也就是说，如果内容能让人实实在在产生意外感，那么也能"惊"到人
- 搞笑类的视频内容一般也是能"惊"到人的，其原因就在于内容的有趣性，能触动人发笑和让人愉悦
- 人是情感动物，一些与温暖相关的东西，如一个温暖的画面、一句温情的话语，都是能感动人的

图 8-22 能"惊"到人的视频文案内容类型

3. "萌"

在互联网和移动互联网中，"萌"作为一个特定形象，奠定了其在受众中重要的审美地位，同时也得到了很多受众的喜欢，无论男女老少，都有它的忠实粉丝。更不要说在短视频这一碎片化的视频内容中，瞬间的"萌态"和具有"萌态"的事物是能一秒吸睛的，"唯萌不破"说的就是如此。

特别是在抖音平台上，以"萌"制胜的视频类型和内容不可谓不多。总的来说，包括如图 8-23 所示的两种。

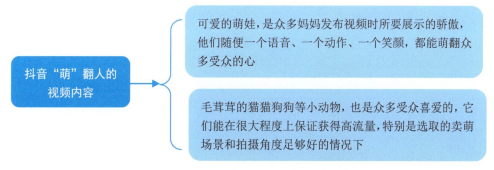

图 8-23 常见的抖音"萌"翻人的视频文案内容类型介绍

对于一些以提供宠物服务为主的平台来说，在抖音平台中发布萌宠视频文案可以说是一种非常有效的推广方式。比如，可以录制一些萌态可掬的短视频，快速获得萌宠爱好者的关注。

当然，无论是哪一个要点，要想推广新媒体文案，都有一个基本点，那就是内容要有用，或者是能让人感到愉悦，或者是能让人感动，或是能带给人启发等，都是内容有用、有价值的表现。

8.6.2 快手平台，记录生活

以"记录生活，记录你"为口号的快手自 2012 年转型为短视频社区以来，就着重于记录用户生活并进行分享。随后，随着智能手机的普及和流量成本的下降，这一款手机应用 APP 也迎来了发展的春天。

截至 2017 年 3 月，快速的用户已达到 4 亿，日活跃用户数也达到了 4000 万。发展到 2018 年 11 月，快手 APP 的下载安装已经达到了 41 亿多次。可以说，在各款短视频中，快手的下载安装次数是最多的。

在笔者看来，快手发展得如此迅速，是与其 APP 特性和热门综艺认证分不开的。例如滤镜和魔法表情，就是喜欢拍摄短视频的运营者需要用到的，其在这方面还是有一定优势的，特别是在种类和效果上。

另外，快手区别于其他短视频平台的一个重要特征就是其在功能的开发上，并不着重于多，而是追求简单易用，并积极进行功能的提升。而正是这一特征，使得用户乐于使用快手来制作、发布和推广短视频。

以快手的拍摄功能为例，如果运用得好，就能打造需要的优质视频和促进推广了。首先，可以拍摄具有不同时长限制的视频，具体内容如图 8-24 所示。

图 8-24　点击右上角摄像按钮次数决定视频时长

专家提醒

当用户点击两下或三下时，在拍摄页面会出现"隐藏功能"信息提示框，显示"本模式下可拍摄或截取长达 17 秒的视频"或"本模式下可拍摄或截取长达 57 秒的视频"的字样。

其次，在快手推广视频时，为达到上热门的推广目的，可以设置双标题或多标题。其操作为：在视频编辑页面，点击"更多"按钮，展示更多功能；点击"文字"按钮，进入"文字"页面；选择标题背景和形式，输入文字设置第一个标题；完成后，再次选择标题背景和形式，输入文字设置第二个标题。这样设置后的视频播放时在相应的位置就会显示设置的字幕和标题。

综上所述,快手是具有巨大的流量基础和推广优势的。利用它进行文案推广,能促进新媒体文案在更大范围内、更快地实现推广目的。

8.7 音频:喜马拉雅、荔枝

除了视频平台之外,一些音频平台也是进行文案推广的好地方。音频是一种新兴的推广方式,它是主要以音频为内容的传播载体,通过音频节目推广品牌和产品。随着移动互联网的发展,以音频节目为主的网络电台迎来了新机遇,与之对应的音频推广也进一步发展,具体方式如下。

1) 创建音频新媒体

相比建立微信公众号、开通官方微博,新媒体文案撰写者创建自己的音频新媒体账号,也是一种很好的拓展推广渠道的方式,对于推广品牌、提高粉丝黏性具有积极效果。当然,新媒体建立音频新媒体账号要结合自身特点,来选择合适的定位和发展方向。

2) 通过专题节目推广

策划专题节目,就是新媒体文案撰写者通过专题节目来促进推广,它是粉丝参与度比较高但未常用的一种音频推广形式。完整的音频专题节目推广,要经历以下 3 个阶段。

- 第一阶段:策划旅行、美食、游戏、展览、观影等专题节目。
- 第二阶段:主播与粉丝之间的零距离互动,提高粉丝的参与度。
- 第三阶段:进行品牌价值输出,不断推广、积累品牌名气。

上述音频推广方式,可以有很多形式的创意玩法。新媒体要根据自身产品的情况,选择一种或多种方式结合灵活运用,发挥出音频节目推广的潜力。

接下来,笔者将为大家详细介绍实用的可以进行内容推广的音频平台。

8.7.1 喜马拉雅,音频分享

喜马拉雅是国内顶尖的音频分享平台,用户可以在平台里上传、收听各种音频内容,它支持手机、电脑、车载终端等多种智能终端。

喜马拉雅平台上有很多不同种类的音频节目,具体包括:有声书、音乐、娱乐、相声评书、儿童、资讯、脱口秀、情感生活、历史、人文、教育培训、英语、广播剧、戏曲、电台、健康养生、旅游、汽车、动漫游戏、电影等多种节目类型。

在喜马拉雅平台上,除了可以收听音频节目外,用户还可以进一步申请成为主播,从而发布自己的音频内容到平台上。

对个人或企业型的新媒体而言,可以利用喜马拉雅平台来搭建自己的平台,也可以通过与其中的自媒体合作来达到自己的推广目的。

8.7.2 荔枝，完整链条推广

在音频渠道中，荔枝无疑也是一个值得新媒体关注的语音直播平台。在这个平台上，用户不仅可以收听各种优秀的电台节目，更重要的是，就如其宣传语"人人都是主播"一样，它是一个支持在手机终端推出自媒体电台的平台。同时，荔枝 FM 打造了一条从节目录制到一键分享到各社交平台的完整的生态链。

要想进入荔枝平台的节目录制界面，只要在首页点击右上角的按钮，进入"我的"页面，然后选择要推出的节目类型"录声音""开直播"和"发动态"，即可开启推广模式，如图 8-25 所示。

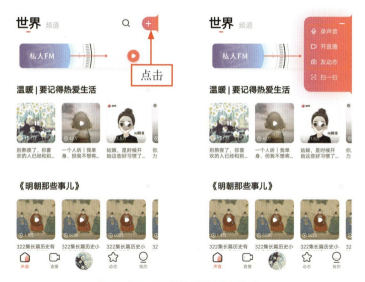

图 8-25　开启荔枝的推广模式

可见，新媒体文案撰写者如果选择荔枝这一音频渠道进行推广，可以通过创建音频自媒体的方式来实现。

第 9 章

吸粉引流，成就爆款

> **学前提示**
>
> 在新媒体平台上，有了好的文案后，如果想要实现推广和变现，还需要有大量的粉丝来支撑。而想要聚集大量粉丝和流量，就需要了解和掌握一些利用爆款文案来吸粉引流的技巧。本章将介绍一些常用的技巧，助力新媒体文案撰写者吸粉引流成功。

- 运营引流，轻松引爆
- 公众号引流，快速涨粉
- 百度引流，信息获取
- 腾讯引流，社交高地
- 其他引流，多多益善

9.1 运营引流，轻松引爆

吸粉引流是新媒体平台文案的最基本和最终目标。而只有对文案内容精心进行打造，才能更好地推广和宣传新媒体账号，才能实现利用文案引流的目标。本节将具体介绍蕴含爆点的爆款文案的引流方法和技巧。

9.1.1 依赖性引流，提升黏性

对于新媒体来说，一种有规律并进行了一定规划的运营策略是能够让读者产生依赖的，是一种很好的提升粉丝忠诚度的方法。那么，应该如何运营才能让读者更具依赖性？在笔者看来，可以从以下 3 个方面着手。

1. 确定新媒体平台文案发布时间

在新媒体运营过程中，文案撰写者应该对时间进行规划，即确定好各新媒体平台文案的发布时间。了解了最佳的信息推送时间后，文案撰写者首先要做的事就是选择一个时间点固定、准时地推送信息。

2. 确定新媒体平台文案发布频率

在推送时间安排上，不仅是指每天的文案发布时间，还包括平台的文案发布频率。对于新媒体账号来说，一般每天至少可以发布一次，因此，新媒体文案撰写者应该在这一限制范围内确定自身平台的文案发布频率，是一天一篇，还是两天一篇，抑或是间隔更长时间发一篇。关于发文时间规律，新媒体文案撰写者可以根据自身能力进行合理设置。

3. 确定新媒体平台文案推送形式

除了利用固定的推送时间和推送频率可以让读者产生依赖心理外，还可以利用内容的推送形式让读者产生依赖心理，如采用内容分批推送的方式，把要发布的文案和文案主题分成一个个章节进行推送，营造一种相互连接的文案内容形式，可以让粉丝产生一个时间段的阅读习惯——在固定的时间去等待文案的发布并点击阅读。

直到某一主题相关的文案内容写完，读者又将在某平台的引导下期待新的主题的文案。周而复始，这将对提升平台粉丝的忠诚度和黏性有着巨大的作用。

9.1.2 互动引流，有效引导

在新媒体平台上，新媒体文案撰写者是可以与读者互动的。以微信公众号为例，除了留言回复外，新媒体还可以通过"自动回复"功能与读者互动。单击"自动回复"按钮，切换至"自动回复"页面，可以选择 3 种自动回复的方式，如图 9-1 所示。

图 9-1　微信公众平台后台的"自动回复"功能设置类型

其中,"关键词自动回复"是一个非常实用的功能。可以通过设置有关关键词的自动回复功能,实现对粉丝的平台应用行为指导,以此来保持与粉丝互动的即时性和连续性。如图 9-2 所示为某一微信公众号的"关键词回复"设置展开显示,运营者可以在其中设置需要的关键词和规则。

图 9-2　微信公众平台后台的"关键词回复"设置展开显示

另外,在微信公众号这一新媒体平台上,为了增强粉丝互动,很多账号都设置了相关推荐内容,方便读者阅读,如图 9-3 所示。

在文案的内容推荐区域,读者只要点击相关文案名称或关键词,就可以实现快速阅读文案,而无须进行查找和搜索,能够有效地引导读者,增强读者黏性。从其实质上来说,这也是一种内容回复的设置和超链接设置。

还有的账号在文案中推出了预告,让用户对后期的内容抱有更大的期待,如图 9-4 所示。图 9-4 中显示的内容既是预告,也是征稿,用来引导读者参与。

图 9-3　微信公众号的相关推荐内容　　图 9-4　微信公众号提前预告内容

9.1.3　活动引流，目标明确

在新媒体平台上，不断地开展互动活动也是吸粉引流的重要技巧。当然，新媒体平台的互动活动的频率是需要有一个整体的计划或安排的，可以按照每周/两周/每月来安排。这样的做法是符合读者的阅读期望和记忆习惯的，也在一定程度上为保持和增强粉丝的黏性作出了贡献。

关于新媒体账号的互动活动类型，常见的主要有以下几类。

(1) 赠送免费的电子图书。对企业而言，如果在某一方面或领域有着非常丰富的实践经验，可以考虑把这些具有价值的干货内容制作成非常精美的电子内容，通过粉丝留下的邮箱在 24 小时内送达给读者，以此吸引读者关注。

(2) 转发朋友圈有奖活动。相对于上面介绍的赠送免费电子图书的互动活动，转发朋友圈有奖的活动在吸引粉丝方面的目的性更强，它是一种由一而二、由二而四的裂变式传播形式，主要是在朋友、熟人圈子中转发，其在信任度和效率方面更加显著。

(3) 赠送企业试用品。这一互动活动的展开，是一个需要维持较长等待时间的互动活动，其具体过程和内容如图 9-5 所示。

除了上述活动可以提升新媒体账号的互动外，平台还可以通过其他活动来实现互动，主要包括 6 类，分别为：发红包、答对谜语有奖、签到有奖、答题有奖、关注有奖以及融入平面游戏等。

图 9-5 赠送企业试用品的互动过程

9.2 公众号引流，快速涨粉

目前微信平台发展火热，越来越多的个人或者企业开始关注微信公众号。关于微信公众平台，新媒体运营者的最终目的是为了实现商业变现，赚取利益。但是在变现前，微信公众平台需要做的就是引流，因为只有平台拥有了足够数量的粉丝，才能实现真正的商业变现。

微信公众号有 4 种类型，即服务号、订阅号、小程序和企业微信。不同类型的公众号推广方式也不同，新媒体文案撰写者要找到适合自己的推广方法。下面将介绍一些常用的公众号推广方法供大家参考。

9.2.1 大号互推，实现共赢

通过爆款大号互推的方法，即微信公众号之间进行互推，也就是建立公众号营销矩阵（指的是两个或者两个以上的公众号运营者，双方或者多方之间达成协议，进行粉丝互推），可以达到共赢的目的。

微信公众号之间互推是一种快速涨粉的方法，它能够帮助微信公众号在短时间内获得大量的粉丝，效果十分可观。

相信大家曾见到过某一个公众号会专门写一篇文章给一个或者几个微信公众号进行推广的情况，如图 9-6 所示，这种推广就可以说是公众号互推。这两个或者多个公众号的运营者会约定好有偿或者无偿为对方进行公众号推广，且能很快见到效果。

图 9-6 "小道消息"微信公众号推送其他公众号的文案

新媒体文案撰写者在采用公众号互推吸粉引流的时候，需要注意的一点是，找的互推公众号平台类型尽量不要与自己的平台是一个类型的，因为这样运营者之间会产生一定的竞争关系。

两个互推的公众号之间尽量以存在互补性为好。举个例子，你的公众号是推送健身用品的，那么你选择互推公众号时，就应该先考虑找那些推送瑜伽教程的公众号，这样获得的粉丝才是有价值的。

9.2.2 线上微课，知识传播

线上微课是指按照新课程标准及其教学实践的要求，以多媒体资源（电脑与手机等）为主要载体，记录教师在课堂内外教育教学过程中围绕某个知识点开展的网络课程。通过线上微课也能进行新媒体引流。

线上微课有如下几个主要特点。

- 教学实践较短。
- 教学内容较少。
- 资源容量小。
- 资源组成情景化。
- 主题突出、内容具体。
- 草根研究、趣味创作。
- 成果简化、多样传播。
- 反馈及时、针对性强。

例如，"国学精粹与生活艺术"微信公众号就推出了"XX：一生不可错过的唯美诗词"的线上微课，如图 9-7 所示。

图 9-7　线上微课引流示例

9.2.3　征稿大赛，名利双收

新媒体可以通过在公众平台或者其他平台上开展各种大赛活动，进行吸粉引流。这种活动通常在奖品或者其他条件的诱惑下，参加的人会比较多，而且通过这种大赛获得的粉丝质量比较高，因为他们会更加主动地去关注公众号的动态。

新媒体可以选择的大赛活动类型非常多，但是在原则上，需要尽量与自己的公众号运营所处的行业领域有关联，这样获得的粉丝才是有价值的。

新媒体可以根据自己的公众号类型，在平台上开展征稿大赛，这种做法可以为自己的平台要推送的文案进行征稿，也可以为自己平台的出版物进行征稿活动。采用征稿大赛吸粉引流，可以借助设置一定的奖品来提高粉丝的参与度。

以微信公众平台"手机摄影构图大全"为例，该平台根据其自身的优势，在自己的平台上开展了一个征稿活动，如图 9-8 所示。

新媒体举行征稿活动大赛，如果活动过程中涉及网络投票，那么运营者在这个环节一定要注意刷屏情况的出现。在任何一场比赛中，主办方规避刷票情况的出现都是很有必要的。这样能给每一位参赛者一个公平竞争的机会，才能确保选出的获胜者拥有真正的实力。同时，新媒体预防刷票情况的出现，也能够有效防止运营者以及参赛者的账号被平台系统封号。

新媒体在策划征稿活动大赛的时候，在投票环节还需要注意的一点是，要做好用户的投票体验。做好用户的投票体验指的是，用户在给参赛者投票的时候，投票的方式要尽可能简便一些，不要太过于烦琐。

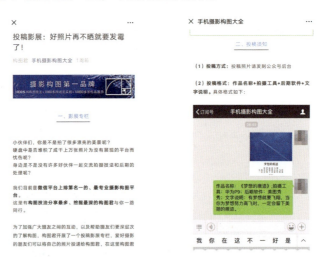

图 9-8　微信公众平台开展征稿大赛活动的案例

提升用户投票体验和效率可以通过在投票平台上设置一些小功能实现。例如，新媒体可以在投票页面设置一个搜索栏，这样用户进入投票页面后，就可以直接在搜索栏中搜索参赛者的名字或者参赛号码，然后就可以给参赛者进行投票。

这种方法可以防止参赛者排名靠后，用户需要一页一页地浏览去寻找参赛者而带来的麻烦。只要将用户的投票体验提升了，用户的投票效率自然而然就会有所提高。

9.3　百度引流，信息获取

有时我们向别人提问的时候，常常会得到"百度一下你就知道"这样的回答。这句话其实就足以显示出百度的实力了。这么多年过去了，百度依然是人们获取信息和查询资料的重要平台。

所以利用百度平台引流，是新媒体文案撰写者不能错过的选择，而且如果目标受众能在百度平台上找到文案撰写者的相关信息的话，新媒体就等于获得了流量入口。下面具体介绍百度的几种主要引流方法。

9.3.1　百科知识，性价比高

在百度平台上搜索某一个关键词的时候，呈现在搜索结果首页中的内容，一定少不了一个词条，那就是与搜索的关键词相关的百度百科，例如"新媒体"百度百科，如图 9-9 所示。

图 9-9 百度百科的位置展示

新媒体运用百度百科引流，具有权重高、质量高、转化率高、可信度高与成本低等特点。那么新媒体运营者如何运用百度百科引流呢？有以下两个方面需要进行明确。

1. 明确百度百科的撰写规则

新媒体文案撰写者撰写百度百科词条，更多的是选择人物型的百度百科，人物型百度百科的内容一般包括简介提炼、基本信息、个人经历、现状描述、特长以及成绩或荣誉等内容。

人物型百度百科的撰写，需要满足百度百科的基础收录和编辑规则，违反这些要求，词条将无法通过系统审核，具体规则如图 9-10 所示。

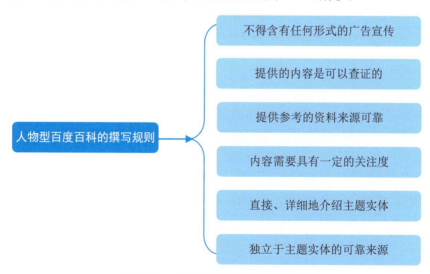

图 9-10 人物型百度百科的撰写规则

值得注意的是，百度百科中任何有关个人、机构或产品的宣传以及内容中含有推销或宣传的内容，都不会通过审核。而且写人物型百度百科的时候，过于自夸、虚假的内容也很难通过审核，所以好的人物型百度百科看起来是从第三方的角度去写的，然后再多提炼与自己微店相关的特长、成绩和荣誉。以下是编写百度百科的技巧。

- 写百度百科之前，多浏览一下别人写的百度百科，可以学习一下别人写百度百科的方式，吸取别人的长处，用到自己写的百度百科中。
- 学习百度百科的写作规则是写百度百科的一个重点，知道百度百科的规则，就能避免一些常见的问题，提高审核的通过率。
- 每个人都有自己擅长的和不擅长的，写百度百科可以从自己最擅长的部分开始，这样可以快速进入状态。

2. 利用百度百科引流的方法

百度百科并不是宣传工具，它的性质更像是我们用的辞海，是具有权威性的代表，所以百度百科里是绝对严禁做直接引流的，但是用间接的方式引流还是可以的。

例如，在简介、个人基本信息和个人经历的撰写时，可以插入专属的或者排名靠前的关键词；在编辑参考资料时，可以在参考资料来源的文案中放置微信号或联系方式；在添加的图片中可以加上公司的LOGO或新媒体文案撰写者的个人水印。

9.3.2 百度知道，知识分享

"百度知道"采用互动的方式，让用户可以在此搜索和分享各种知识问答。

新媒体文案撰写者通过百度知道引流，是指在百度知道上，通过回答问题的方式，把自己的广告有效地嵌入回复中。

有人说："把简单的招式练得炉火纯青就是绝招。"不可否认，百度知道是一个内容宽泛的平台。但如今的问题是，在百度知道上发广告是不被允许的，如何利用百度知道来提升引流的效果，是每一个新媒体文案撰写者都要考虑的问题。

很多人不想采取百度知道法引流，有两方面的原因：一是觉得烦琐，不会回答问题；二是没有掌握合理的广告技巧。

因此新媒体文案撰写者想在百度知道上引流，要用心做好以下几点。

- 全天关注相关行业的问题。
- 争取做第一个回复者。
- 用心地去回复他人的问题。
- 不要太明显，将广告隐藏在回复中，进行巧妙的推荐引流。

9.3.3 百度文库，分享学习

百度文库是一个互联网分享学习的开放平台，怎么利用百度文库进行引流呢？利用百度文库进行引流的关键有以下 3 点。

1. 设置带长尾关键词的标题

百度文库的标题中最好包含想要推广的长尾词，如果关键词在百度文库的排名还可以，就能吸引不少流量。

2. 选择的内容质量要高

在百度文库内容方面，推广时应尽量撰写、整理一些原创内容，比如把一些精华内容做成 PPT 上传到文库。

3. 注意细节问题

在使用百度文库进行引流的时候，也需要注意一些细节问题。
- 注意内容的排版，阅读起来舒服的内容更容易被接受。
- 注意百度文库的存活时间,百度文库很快就被删掉便不能实现引流效果。

9.4 腾讯引流，社交高地

在腾讯矩阵中，微信与 QQ 是当今很热门的平台，而这两个平台作为新媒体的一部分也是常见的引流途径。微信与 QQ 作为两大热门的社交软件，其中所包含的引流方式各有特色，但是目的只有一个，那就是引流。前文已经介绍了微信公众号的引流方法，在此主要以 QQ 和微信小程序为例，介绍其引流方法，希望通过本节内容，读者会有所收获。

9.4.1 QQ 引流，巨大优势

作为最早的网络通信平台，QQ 平台的资源优势和底蕴，以及庞大的用户群，都是新媒体文案撰写者必须巩固的阵地，QQ 群、QQ 空间就是大家引流的前沿。下面笔者将对这两大渠道进行介绍。

1. QQ 群

现在 QQ 群分出了许多热门分类，新媒体文案撰写者可以通过查找同类群的方式，加入进去，进入群之后，不要急着引流，先在群里混个脸熟，之后可以在适当的时机发布广告引流。

比如，在健身群里，可以发布一段这样的内容：姐妹们，我今天关注了一个微信号，里面有篇文章写得很好，是关于如何减脂的，有兴趣的一定不要错过。那么如何查找、申请加入 QQ 群呢？以美容类的微信公众号为例进行讲解。

步骤 01 点击QQ界面右上角的"添加"按钮，如图9-11所示；进入"添加"界面，点击"找群"按钮，如图9-12所示。

图9-11 点击"添加"按钮

图9-12 点击"找群"按钮

步骤 02 进入"找群"选项卡界面，点击"生活"按钮，如图9-13所示；进入"群分类"界面，选择"美容"选项，如图9-14所示。

图9-13 点击"生活"按钮

图9-14 选择"美容"选项

步骤 03 选择一个美容群，如图9-15所示；进入相应界面，点击"申请加群"按钮，如图9-16所示。

图 9-15 选择一个美容群

图 9-16 点击"申请加群"按钮

2. QQ 空间

QQ 空间是新媒体文案撰写者可以充分利用起来进行引流的一个好渠道,可以通过 QQ 公众空间、QQ 空间生日栏、QQ 空间日志、QQ 空间说说、QQ 空间相册以及 QQ 空间分享等方法进行引流。

1) QQ 空间生日栏引流

当有 QQ 好友快要过生日的时候,会在 QQ 空间的"好友生日"栏内显示。同样的,如果你要过生日了,你的信息也会在你 QQ 好友的 QQ 空间中显示。

那么,在此时期只要 QQ 好友进入他们的 QQ 空间,即可在 QQ 空间的生日栏中看到你的生日提醒信息,此时你可以通过独特的 QQ 头像或者 QQ 网名吸引好友的注意,促使他们进入你的 QQ 空间查看你的动态。

新媒体文案撰写者可以利用这一点进行引流,下面介绍一下 QQ 空间生日栏引流的方法。

首先需要思考 3 个问题,这 3 个问题是完成之后操作设置的基点。

- 平台的产品定位是什么?
- 平台的读者定位是什么?
- 怎么吸引这些人关注自己?

然后将自己的 QQ 头像和 QQ 网名设置成你的目标受众愿意关注的对象。再修改自己的生日,比如今天是 2019 年 6 月 1 日,如果想让自己的 QQ 头像和网名出现在 QQ 好友空间的生日栏内,只需在资料卡中把生日改为 6 月 1 日即可。

最后你需要提前准备好空间的内容并设置好你要引流的步骤。

2) QQ 空间日志引流

找一些与自身新媒体账号有关的资料放到空间日志中,以吸引受众关注。

3) QQ 空间说说引流

每次更新 QQ 签名的时候,都会自动更新到 QQ 说说上,QQ 说说要用一句话激起受众的关注欲望。

4) QQ 空间相册引流

很多人加 QQ 时都会进 QQ 空间看一下空间的相册,所以相册也是可以利用起来的一个引流工具。

5) QQ 空间分享引流

QQ 空间的分享功能可以分享视频和网站地址给所有的好友——好友只要点击标题,就可以看到文案撰写者所分享的东西。可见,利用分享功能分享新媒体账号信息也是可行的。

9.4.2 小程序引流,实用创新

流量的多少,直接关系到一个微信小程序运营的成败,而要让微信小程序获得充足的流量,新媒体文案撰写者就必须学会抢占流量入口。那么,新媒体应该如何推广微信小程序,如何引流呢?本节笔者将介绍几种运营小程序的方法,帮助大家打造超高人气的微信小程序。

1. 特定场景

对于小程序来说,实用性可以说是制胜法宝之一。那么,如何体现小程序的实用性呢?其中较为简单和直接的一种方法就是提供特定的实用场景,创造机会让受众使用小程序,并将这一行为变成一种习惯,从而有效地增加用户的使用率。

提供特定场景对于以功能取胜的小程序来说尤其重要,因为实用场景的创造不仅增加小程序的使用率,更是对品牌的有效宣传。只要使用场景做得好,便可以争取大量用户。

2. 潮流元素

时刻关注市场趋势,可以了解其他企业是如何提升用户体验的,进而改善和提高自身小程序的吸引力。分析流行的产品特色,重点是保持小程序的创新力度,第一时间了解企业所在领域的流行趋势。

打造用户体验的方法不计其数,但有的企业仅仅关注小程序本身,或者是小程序的相关服务,而忘记从市场其他的产品和企业吸取经验。很显然,这种借鉴、参考的方法力度是不够的。

那么,新媒体文案撰写者在打造消费者体验的过程中,具体应该怎样根据市

场潮流趋势增加小程序的新鲜体验呢?运营者不妨先认真观察市场的潮流走向,然后把自身运营方法与别人对比,再总结经验教训,为己所用。

专家提醒

根据市场趋势适时地调整小程序,通过潮流元素的增加,让用户获得新鲜感的体验本身是可取的,但新媒体文案撰写者也要注意保持小程序自身的品牌初衷和主要宗旨,而不能盲目跟风,随意改变。

3. 创意要素

创意是任何小程序都需要具备的特质,而用户体验的打造也少不了创意这一要素。创意带给用户的远远不只是乐趣,更是理性与感性的双重洗礼。

以购物类小程序为例,新媒体文案撰写者要想为用户提供至尊的购物体验,就需要从广告宣传、产品包装、产品销售、产品服务的创意上下功夫。只有这样才能带给用户与众不同的购物体验,而且还能给用户留下独特的印象,使其经久不忘。

那么,要怎样通过创意来增加用户的体验呢?笔者认为,新媒体文案撰写者需要把握好4个要点,具体内容如图9-17所示。

| 信息必须真实 | 新媒体文案撰写者要想借助创意来塑造用户体验,一个最基本的前提就是保证信息的准确性和真实性。如果采用虚假的产品和品牌信息进行宣传和推广,就是对自己品牌的亵渎,对用户的不负责任,这是万万不可取的 |

| 多方进行传播 | 新媒体文案撰写者可以通过微信、微博、博客、论坛等平台多渠道对创意进行传播。把创意体验与平台的多样性结合起来,这样不仅能让小程序的创意得到推广,还能让用户在使用小程序之前就对小程序产生认同感 |

| 契合用户需求 | 新媒体文案撰写者要充分认识到,无论加入什么元素,都要坚持一个原则,即为用户考虑。文案撰写者可以在创意制定前先对市场进行调查分析,然后精确地掌握利益需求,最后把创意与用户的利益结合,为用户打造具有创意的体验 |

| 围绕主旨打造 | 在用创意进行运营推广时,文案撰写者必须坚持自己的主要宗旨不动摇,只有这样,才能一鼓作气快速达成原定营销目标。因此,创意体验的主题不能随意变化,它必须围绕主旨进行 |

图9-17 通过创意来增加用户的体验分析

9.5 其他引流，多多益善

除了可以通过上述渠道吸粉引流外，新媒体文案撰写者的引流方式还有很多，它们都是助力新媒体平台快速涨粉的有效策略。本节笔者将再为大家介绍几种吸粉引流的方式，希望能帮助读者抢占新媒体流量入口。

9.5.1 淘宝引流，电商助力

阿里巴巴旗下的淘宝改变了很多人的购物习惯，但是很多人都没有利用这个平台来宣传自己。其实，新媒体文案撰写者完全可以借助这一渠道来引流，而且该平台上的引流渠道和途径是多样化的，如淘宝店铺、友情链接、商品评价和淘宝留言等。下面将介绍几种淘宝引流的方法。

1. 淘宝店铺

在淘宝上开一个店铺，把流量引导到店主的微信上。比如，在淘宝店铺首页放入微信号、QQ号等。还有一种方法就是占据某个长尾关键词的品类搜索结果的首屏。为什么要设置长尾关键词呢？很重要的一点在于新媒体销售的模式，因为其商品多为单品，所以只设置关键词很难被用户搜索到，如果多用一些词来限定，被搜索的概率就会增大。

2. 友情链接

在淘宝店铺中放置友情链接是比较实用的引流方式，这样可以增加店铺的浏览量，从而提高店主放置的微信号、QQ号等的曝光率，达到引流的效果。友情链接的方式有以下4种。

- 与高等级的淘宝店铺交换友情链接。这里的高等级是指钻级或者皇冠级的淘宝店铺，想要与这样高等级的店铺交换友情链接是有一定难度的。但是，凡事无绝对，多沟通，还是有机会成功达成交换的。
- 有目的性地交换友情链接。不要随便交换链接，那样意义不大，最好是与同行交换，这样才能更好地抓住目标顾客。
- 与有实力的新手淘宝店铺交换友情链接。每个店铺都各有各的优势，新手店家也是一样。
- 与合作伙伴交换友情链接。选择合作伙伴，要选择志同道合的，这样才能抓住目标顾客。

3. 商品评价

在淘宝上购买产品后有一个评价以及追加评价的功能，这个评价的功能是可以用来引流的。

用淘宝评价功能进行引流一定要选择与自己产品同类的商品，或者与自己产品的受众群体一致的商品。有精准的受众加你，才会达到引流的效果，此时淘宝评价也就相当于一个展现信息的地方。

在淘宝购物时，在"我的订单"页面中，单击"评价"按钮，在"评价"时可以留下自己的微信号、QQ号等，进行引流。

4. 淘宝留言

在淘宝上购买产品后有一个评价以及追加评价的功能，这个评价的功能是可以用来引流的。

9.5.2 红包群信息，利益吸引

在朋友圈发布红包群信息引流，首先需要创建一个红包群，并说明群成员满多少就开始发红包；再拉几个好友活跃气氛；编辑群公告内容、群聊名称，与这个群的目的对应即可。如图9-18所示为群公告和群名称的编辑入口以及编辑群公告的示例。

图9-18 编辑群公告和群名称示例

另外，新媒体文案撰写者还需在"群二维码"处提取群二维码，因为在朋友圈发布动态时需要用到，如图9-19所示。

准备工作做好之后，就可以在朋友圈发布动态了，在动态中只需将红包群的信息推出去即可。

图 9-19 提取群二维码

新媒体文案撰写者要注意，开展红包引流有两个关键点，第一就是对加群的人宣传达到多少人数开始发红包，这样他们就会去拉好友增加群人数；第二是宣传添加好友或转发朋友圈截图有定向红包，这样能增加好友人数和使群信息获得更多曝光。

在设置红包群信息时，新媒体文案撰写者要注意语气和措辞，让看到的人甘愿加入，如可以设置为："来来来，加群免费领红包啦！"

也许新媒体文案撰写者担心成本问题，其实很多人喜欢玩红包游戏就是图个好玩，所以红包金额不需要很大，定向红包数额同样如此，几角钱或几元钱即可。

记得在操作过程中不要冷场，有新人加入就提醒他看看群公告，或者直接把公告发到群里，如果有人等不到约定人数就开始退群，那么可以在人数达到三四十人时就陆续发些小红包活跃气氛。

9.5.3 互动游戏，好玩有趣

好玩的游戏从来都不缺参与人员，在新媒体平台上（如朋友圈）也可开展互动式游戏，从而获取流量。新媒体文案撰写者可以在网上搜寻一些互动性强又有趣的游戏，稍微修改一下推送到朋友圈中。比如，猜谜、看图猜成语、脑筋急转弯与成语接龙等——有趣味、不落俗套的才能吸引其他人参与进来。

如图 9-20 所示为某新媒体文案撰写者在朋友圈发起的"我画你猜"游戏，他在动态中发布了 8 张成品图片和一张二维码图片，让答出题的用户添加好友领取奖品，也为想知道答案的用户提供了一个咨询的渠道。

图 9-20　在朋友圈开展互动游戏引流示例

在朋友圈这一新媒体平台上开展互动型游戏，同样要引导好友进行转发，因为只有这样才能让自己发布的动态突破自己的好友圈子，进而获得更大的流量。

第 10 章

6 大技能，促进营销

> **学前提示**
>
> 对新媒体而言，仅仅是撰写文案还不够，促成产品更快销售才是最终目的。这也是很多企业和商家纷纷进军新媒体领域的初衷。那么，他们应该如何利用新媒体文案来促成相关产品的销售呢？本章就从 6 个方面介绍具体的营销技能。

- SEO 营销，排名靠前
- 场景营销，提升体验
- 借势营销，引起关注
- 情感营销，激发共鸣
- 分享营销，活跃氛围
- 口碑营销，建立权威

10.1　SEO 营销，排名靠前

在互联网时代，新媒体应该尽量想办法在搜索引擎上进行优化，提高文案的排名和点击量。只有这样，才能提升新媒体文案的营销力。本节笔者将介绍 5 种优化搜索的方式，助力提升文案搜索排名。

10.1.1　百度指数，关注动态

百度指数是一个研究关键词的工具，它主要以图表的形式显示关键词的搜索量和变化，包括关键词的探索、最新动态、行业排行等。

虽然百度指数是对百度搜索进行的关键词统计，但网络用户的网站搜索趋势也能在一定程度上代表移动端的搜索趋势，而百度又是人们已经习惯的搜索网站，因此，我们要多多关注百度指数的关键词动态。

那么，百度指数作为研究关键词的工具，有何过人之处呢？笔者将其主要优势总结为如图 10-1 所示的 3 点。

图 10-1　百度指数的主要优势

百度指数的功能包罗万象，为用户提供了诸多便利，具体的功能包括如图 10-2 所示的 4 点。

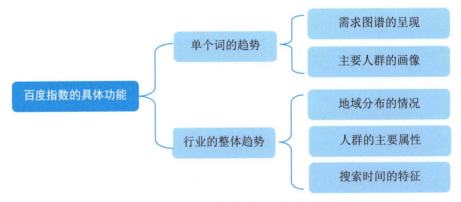

图 10-2　百度指数的具体功能

以"摄影构图"这一关键字为例，在百度指数搜索框输入它，便会出现如图 10-3 所示的页面。

图 10-3 "摄影构图"一词的百度指数页面

图 10-3 是搜索关键词"摄影构图"的"趋势研究"页面。在该页面上，会展示"搜索指数""搜索指数概览"等内容。根据图上的趋势图可知，近 5 日来"摄影构图"一词的搜索有所上升，整体的趋势则是有涨有落。

10.1.2 用户角度，换位思考

对新媒体文案撰写者来说，如果想知道用户如何进行搜索，就要从用户的角度去思考、选词。那么，具体来说，我们应该怎么从用户的角度进行思考呢？笔者将其要点总结为如图 10-4 所示的 3 点。

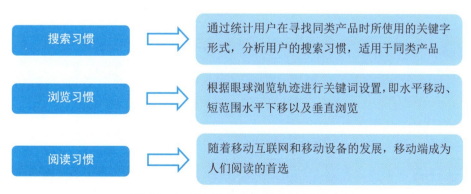

图 10-4 从用户角度思考关键词的要点

在此笔者以通过微信"搜一搜"功能搜索关键词"摄影"为例，即会出现用户搜索较多的相关关键词，如"摄影技巧""摄影作品欣赏""摄影教程""摄影大赛"以及"摄影展"等，如图10-5所示。

图10-5 从用户角度思考关键词的案例展示

图10-5所展示的页面显示的是广大用户的搜索结果。其实，假如我是用户，看到"摄影技巧"，估计也会点进去一探究竟。说不定还会关注与之相关的公众号，成为固定的粉丝，购买摄影书或者摄影教程。

新媒体文案撰写者在设置文案中的关键词时，不能缺少从用户的角度思考这一环节。因为写作的目的是为了让读者看到，而设置关键词的目的则是让更多的读者更容易看到。两者的受众都是读者，如果不从读者和用户的角度出发进行思考，那么关键词的设置大多也是失败且没有成效的。

专家提醒

在思考用户常用的关键词的过程中，最好的方法是抛开自己作为作者的身份，把自己当成是一个有特定的阅读、消费需求的读者，如此才能真正抓住核心的关键词。当然，也不能片面地下定论，还需要通过大量的数据调查才能明确什么样的关键词是读者喜欢的。

10.1.3 对手角度，巧妙借鉴

《孙子·谋攻篇》道："知己知彼，百战不殆。"因此，在设置关键词时，我们最好多了解对手的文案，搞清楚他们的关键词和布局情况，这样不仅能找到优化漏洞，还能掌握目前关键词的竞争热度，以便进行人力优化部署。

从对手的角度出发，思考关键词是为了更好地学习他人的长处，借以弥补自

己的不足。那么，在思考关键词的时候，究竟应该如何向竞争对手借鉴呢？笔者将其方法总结为以下3点。

(1) 搜索与自己产品相关的关键词，重点查看和摘录在搜索中，排名靠前的关键词，然后作对比分析。

(2) 去网站上查询与搜索结果显示出来的排名靠前的公司信息，或直接在新媒体平台上搜索这些公司的账号，然后分析他们的网站目录描述或账号功能介绍，查看核心关键词或辅助关键词，统计出竞争者名单。

(3) 分析自身的新媒体账号的客户信息，将客户购买的产品信息中出现的关键词统计出来，可按关键词的重要程度进行分类汇总，找出客户关注的重点关键词。

值得注意的是，我们从对手的角度出发设置关键词的时候，需要花费比较多的时间和精力，但也应该多多把握细节，不能因为耗时耗力就敷衍了事。

以"一叶子"品牌为例，在微信中利用"搜一搜"功能以它为关键词展开搜索，就会发现排在前列的几个关键词中有"一叶子面膜"一词，而点击搜索相关资讯则会看到许多关于代理"一叶子面膜"的文案，如图10-6所示。

图10-6　从对手的角度思考关键词的案例展示

基于图10-6的搜索结果，如果自身产品也是平价好用的睡眠面膜，想要招代理进行营销推广，就可以参考这些文案中的关键词设置来打造新媒体文案。

这里有一点需要注意，从竞争对手的角度思考关键词的方法固然奏效，但一定要明确产品的各项特征都比较吻合，特别是主要的功能要相似。否则这样想出来的关键词对于营销推广的作用是不大的。

10.1.4 文案标题，含关键词

在新媒体平台上，推送信息并促进产品营销是运营的主要目的，而要把企业、商家信息精准地传达给目标消费者，就有必要把与信息相关的关键词作重点展示。其中，在文案标题中把关键词嵌入进去是比较有效的一种方法。

那么，在推送内容的标题中设置关键词时，我们应该怎么做呢？笔者将其主要方法总结为如图 10-7 所示。

图 10-7　设置标题关键词的方法

如图 10-8 所示为"CoCo 都可"微信公众号推送的一篇新媒体产品文案的部分内容展示。

图 10-8　"CoCo 都可"微信公众号推送的一篇新媒体产品文案的部分内容展示

由图 10-8 可知，在这一篇文案所设置的标题中，包含了"咖啡"这一关键词，且不止一次。在加入关键词的情况下，在其他媒体平台中进行搜索时可以让读者通过标题了解文案内容，又能精准地推送产品信息。

10.1.5 符号连接，提升排名

大家应该已经注意到，在微信中使用关键词搜索文案时，通常搜索结果中有"()""【】"等符号连接的关键词也会显示出来。可见，运营者在微信公众号这一新媒体平台上推送文案时，可以采用符号连接关键词的方法提高排名。

其实，其他新媒体平台也是通过关键词进行搜索的，因此，也可以利用这一种关键词设置方法来提高排名。

在优化关键词搜索的时候，我们可能会遇到各种各样不同的符号，那么，这些符号究竟对关键词分隔有哪些影响和意义呢？下面分别介绍6种标题中特殊的符号，如图10-9所示。

图10-9 标题中的特殊符号

如图10-10所示为使用"【】"符号分隔标题关键词的新媒体文案部分内容展示。

由图10-10可知，这两篇文案特意用大括号将关键词如"文末福利"和"优选好货"分隔开来，目的就是为了搜索优化，提升文案的曝光率，让更多的读者看到这些文案，从而参与活动、购买产品。

图 10-10　使用"【】"符号分隔标题关键词的新媒体文案部分内容展示

在新媒体文案标题中,名为"括号"的符号除了"【】"外,"()"也是比较常用的,且一般用来表示说明细节、对某一事物的补充说明、强调等,如"好文""深度好文"等一类词都会用"()"标注。如图 10-11 所示为两篇在标题中使用"()"的新媒体文案部分内容展示。

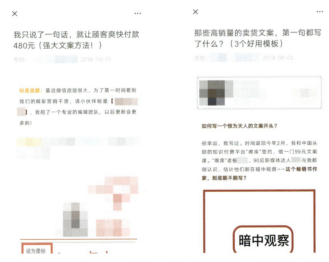

图 10-11　两篇在标题中使用"()"的新媒体文案部分内容展示

由图 10-11 可知,两篇文案的标题都采用了"()"标注,虽然其中的内容称不上是关键词,但是针对产品营销文案来说,使用"()"也是提高排名、提升销量的一种方法。

除此之外，短竖线"|"在新媒体文案标题中的运用也很常见，如图10-12所示。

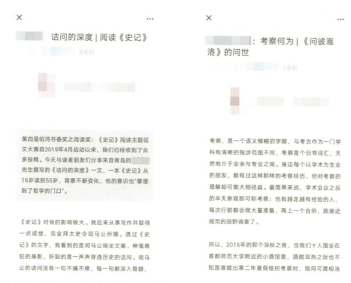

图10-12 短竖线"|"分隔标题关键词的新媒体文案部分内容展示

由图10-12可知，两者的标题都采用了短竖线的符号分隔关键词，关键词一个是"阅读《史记》"，一个是"《问彼嵩洛》的问世"，都是围绕书籍展开的，而且这两篇文案本来就是针对书籍而打造的，其目的也是促进书籍营销。

10.2 场景营销，提升体验

企业从不同的角度，通过文案进行营销运作，可以增加读者的新鲜感。一般来说，读者看到不常见的事物，往往会花费一点时间来"摸清底细"。文案的存在无非是为了促进相关产品的销售，那么，在这个过程中，我们又应该怎么做呢？在笔者看来，场景很重要。本节就围绕场景，介绍两种提升用户体验进而促进营销的方法。

10.2.1 强调利益，激发购买

在通过文案进行营销的过程当中，为了使对方愿意购买所推出的商品，必须要花大量的时间和精力来激发读者的购买欲。

那么，我们可以采用哪种方法来激发读者的购买欲呢？笔者将其主要的方法总结为如图10-13所示。

图 10-13　激发读者购买欲望的方法

在了解对方需求和购买力的基础上，最大程度地激发其购买欲。除了上述方法外，还可以从所推出的产品或服务能够给读者带来的利益角度进行介绍，做到一切以"客户利益"这一中心点出发，针对产品或服务来推送信息。

专家提醒

也就是说，在"客户利益"这一点上，商家应该重点强调产品的安全性能、外观设置、是否经济实用，以及能否给用户带来效益等。从客户所得利益出发，不断地为客户分析他们能从商品中得到的好处，这样才能激发客户的购买欲望。

因此，在撰写文案的过程中，要围绕"读者的需求和利益"这一重点来写，突出显示他们在具体的场景中能够获得的实际好处，这也是很多文案已经在做的。

如图 10-14 所示为一篇针对读者的需求场景而撰写的文案。该篇文案是针对学生党来写的，在其中还提到了相关的产品，突出了能够得到的利益——价格不贵、游戏不卡，把使用场景中能得到的利益展现在读者面前。

图 10-14　针对读者的需求撰写的文案

再来看一篇文案。如图 10-15 所示为"汉堡王中国"推送的文案，内容基本上是从读者的角度考虑的。因为能看到推送内容的读者，大部分都是潜在消费者，因此它的内容也是带有实际利益的，如送福利、享受美味等。而且该篇文案更有意思的地方是，它还采用了自创漫画的方式来吸引读者的眼球，给人耳目一新之感。

图 10-15　"汉堡王中国"推送的文案

10.2.2　有稀缺感，觉得紧迫

中国有一句古话叫作"物以稀为贵"，意思就是越紧缺的资源价值越大。很多时候，某项资源比较丰富时，我们对它的需求相对比较弱；相反，资源稀缺时我们会更想得到它，积累价值。比如说黄金、紫檀木等，在资源供给方面它们有一定的限制性，而正是这种限制性，激发了人们想要购买它们的欲望。因为资源紧缺的东西永远不会失去它本身的价值，换句话说，就是这些稀缺的东西，是"值钱"的。

文案撰写者其实也可以把这种心理用在写作之中，一来可以促使读者第一时间阅读文案内容，二来制造产品供不应求的状态会让购买者对这种产品充满好奇心，并且尝试购买，一探究竟。

那么，在具体的撰写过程中，为了成功地引起读者和客户的急迫感，我们到底应该怎么做呢？笔者将其窍门主要总结为如图 10-16 所示的 3 点。

但需要注意的是，在撰写这种充满急迫感和紧张感的文案时，同样也要学着给读者提供相应的实际利益，满足其一定的需求，比如赠送礼物、名额以及机会等。而且写出来了就一定要兑现，这也是让读者长期关注文案并购买推荐产品的保证。

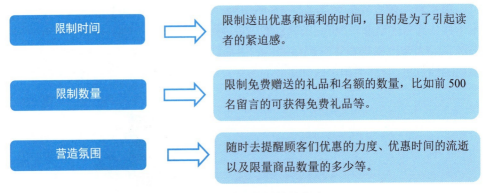

图 10-16 制造稀缺性的方法

专家提醒

制造稀缺性这一方法利用的是众多读者的好奇心理，究竟是什么东西如此火爆？怎么还有人排队去购买？不仅仅是写文案，在日常的购买行为中，很多人也喜欢抢购这一比较急迫的方式，如电商行业的"双十一"等节日就是由此衍生。

以"弗兰克有话说"和"单向街书店"在微信公众平台推送的文案为例，两者都是通过一边送福利，一边制造紧张氛围的方式来获取读者关注的，如图 10-17 所示。"弗兰克有话说"是通过限制名额的方式吸引读者扫码，从而提升文案的传播率和阅读率，同时也介绍和推广了产品；而"单向街书店"则是通过在限定的时间内享受优惠的方式来制造紧张氛围的。

图 10-17 制造稀缺性的文案展示

虽然这两篇文案出自不同品牌的微信公众号,但它们有不少相似之处,那就是都是为了吸引读者、推荐产品、传达品牌理念而努力打造急迫感。

专家提醒

企业一般都会通过制造稀缺性这一方式来吸引消费者的注意,因此,在撰写推销产品的文案时,最好也着力于紧张氛围的营造,让读者赶紧行动起来,从而实现文案营销的理想效果。

10.3 借势营销,引起关注

在撰写新媒体文案的时候,适当借用热点、名人、流行等势头,能够让文案传播速度增强。所以,在学习如何写文案时要学会"借势"。本节将从如何借势的思路出发,重点介绍两种形式打造新媒体爆款文案从而促进产品营销的方法。

10.3.1 借势热点,更易吸睛

人们总说热点,那么什么是"热点"呢?其实,关于"热点"一词的解释很多,该词所使用的地方也很多。但本小节所讲的"热点",就是指在某一个时期内十分受人关注的地方,也就是人们非常关注的新闻、事件等,或者是特别受人们欢迎的事情。

"热点"最大的特点就是关注的人数众多,所以巧借热点事件或者新闻而写出来的新媒体文案也就会因为"热点"的关系,关注度和浏览量都会迅速提升。那么"热点"从哪里来,怎么用到新媒体文案当中去呢?"热点"传播一般来源于各大网络,如图10-18所示。

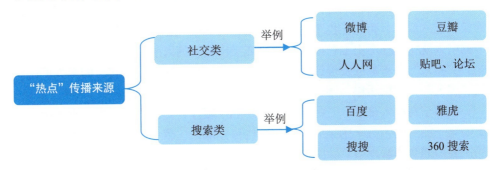

图10-18 "热点"传播来源

"热点"大多来自于国家政策或是社会上发生的具有影响力的事情或者新闻,这些事件或新闻在民众之中传播比较快,人们耳熟能详,并且时常讨论或研究。

"热点"之所以能被众多人关注,是因为它与国家或人们的生活息息相关,

比如"2019年高考""足球世界杯2019"等，这些热点与人们的日常生活联系紧密，所以关注的人就十分多。

基于此，在撰写新媒体文案时，借助"热点"事件或是新闻，能在很大程度上吸引关注这些"热点"的读者和观众，也能使文案的曝光率和阅读量增加。如图10-19所示为借"热点"事件或新闻的势头的新媒体文案。

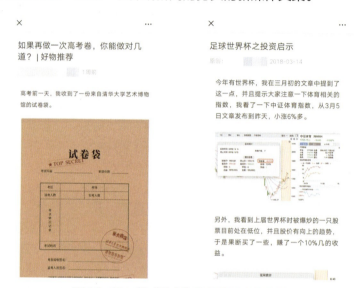

图10-19 借"热点"的新媒体文案案例

10.3.2 借势名人，粉丝齐聚

"名人"，开始是指在某一领域内有较高威望的人，如军事家、文学家、政治家、艺术家等，有时候也特指在历史上有过重要贡献的人，如"名人名言"当中的名人就特指在历史上有过重要贡献或突出贡献的人所说的话。

"名人"在不断的发展过程中，所指的对象也开始发生变化，如今人们口中的"名人"，也指明星、演员等。

相对于普通人来说，"名人"有一定的权威性，人们对名人也会更加信任。比如某一品牌的手机采用某大火的明星代言，那么这款手机就会因为该"名人"的知名度而销售量剧增。

借助"名人"势头在现代社会来说已经是很常见的事情。众多品牌在进行宣传的时候都会选择用当时大火的名人代言，从而借助名人的关注度来增加自己品牌或产品的关注度。

这一方法在新媒体文案写作上也一样十分实用。在新媒体文案撰写过程中，借助"名人"的势头可以大大加强文案的权威性。人们在看到这样的文案时，会觉得文案内容一定是"有道理"的。面对这样的文案，读者特别是该"名人"的忠实观众，往往更愿意点击查看。

比如某文案标题之中出现了与某大红的或是关注度极高的"名人"有关的事情，这一文案的阅读量就会很高，这就是所谓的"名人效应"。

借助"名人"势头的新媒体文案，一般分为两类：一类是直接用"名人"名字的，直接将某"名人"的姓名放在文案之中，能大大增强读者的阅读欲望；另外一种是用"名人"作品的，将名人作品当中出名或经典的句子放在文案中，也能吸引读者的关注，提高阅读兴趣的效果。

如图10-20所示为直接借助"名人"名字的新媒体文案案例。

图10-20 直接借助"名人"名字的新媒体文案案例

图10-20所示是借助身残志坚、一直挑战不可能的尼克·圣斗士的故事来推送文案，从而感动读者，进而达到激发读者报名参加《挑战不可能》演讲会的目标。

借助"名人"的作品，就是借助名人字画，或者名人作品中的经典名句，抑或是其他有名的作品，将其加入到所要写的新媒体文案当中去。借助名人或有名的作品也可以达到提升阅读量的效果，如图10-21所示。

图10-21中涉及的《武林外传》和《家有儿女》都是反响很好的影视作品，可以说是大家都看过或听说过的，这两篇文案借助这两大影视作品进行宣传推广，能很好地吸引读者的眼球，能为公众号引流，也能达到推广书籍的目标。

图10-21 借助有名的作品的新媒体文案案例

10.4 情感营销，激发共鸣

"情"之一字，自古以来，无数文人骚客对它进行了描述，并利用"人同此情"的认识心理而感动了千千万万的读者。可见，撰写饱含情感的文案是实现引流与营销目标的主要途径之一。本节就从情感出发，举例介绍利用新媒体文案进行营销的两大技巧。

10.4.1 亲情诱导，亲情共鸣

新媒体做文案营销时，可以利用亲情来打动读者，传播文案主题。从读者的角度出发，表达读者的心声，引起读者的亲情共鸣，让读者在温馨亲情的驱动下认同并购买产品。

这样的文案营销主要是通过引起情感共鸣来实现的，而它也有专门针对的人群，如下所示。

(1) 孝敬长辈的子孙辈。
(2) 疼爱丈夫的家庭主妇。
(3) 呵护子女的父母长辈。
(4) 爱惜妻子的模范丈夫。

如果是女儿买给父亲的产品，就最好用女儿的角色去说话，从女儿的角度表达对父亲的敬爱，以便激起女儿对父亲的关爱和体贴；如果瞄准的目标消费群体是丈夫，那么就表达出妻子对产品的期待，让爱情和亲情共同作用，从而促使目

标受众对文章感兴趣，进而购买产品。

值得注意的是，在利用亲情或者感情的因素来吸引读者眼球时，为了达到理想的营销效果，还要注意如图10-22所示的3个问题。

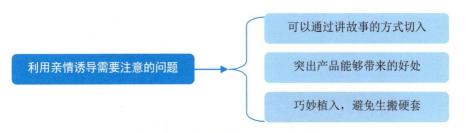

图10-22 利用亲情诱导需要注意的问题

专家提醒

在文案中添加亲情因素时，注意从不同的角度把握读者的心理，切忌一概而论，套用模板。如果想通过亲情诱导读者购买相关的产品，就需要密切关注目标读者的动态，比如心理状态、外界因素的影响等。当然，最好的方式还是对其进行专门的调查，研究透彻后再撰写相关的文案。

以"凯叔讲故事"在微信公众平台推送的《〈知识能量包〉为孩子的表达力充电加油》一文为例，就是从妈妈关心孩子教育的角度出发倾心打造的，文中主要是推销能帮助孩子提升表达能力的课程，如图10-23所示。

图10-23 "凯叔讲故事"亲情诱导式的文案

再如儿女关爱父母的案例。如图 10-24 所示为微信公众平台上发布的关于孝顺父亲的新媒体文案。这篇文案不仅打出了亲情牌，而且还借用了父亲节的氛围来为营销产品造势。

图 10-24　微信公众平台上发布的亲情诱导式的文案

专家提醒

人人都有情感，而亲情又是种种情感中最珍贵的一种，它是一种血脉相连的感情，难以割舍。如果新媒体在撰写文案时能够很好地利用这一工具，就能轻松俘获读者的心，将其成功地转换为消费者。

10.4.2　节日气氛，调动情绪

对人们来说，节假日一直是人们比较期盼的，因为无论从哪一方面来说，它们都有"利"的：于工作而言，节日意味着"休息"和"放假"；与生活而言，节日意味着"团聚"和"优惠"。特别是端午节、中秋节和春节等，更是阖家团圆的日子。

当然，基于节日的上述含义，在新媒体平台上，新媒体文案撰写者可以在文案中借助节日气氛，进行情感营销——对与节日有关的事情描述和提及，并进行相关的说明和活动，这样很容易调动读者的阅读积极性，并成功地吸引的读者关注。

那么，在文案中制造节日的气氛除了能够带给人们喜悦之感之外，还有哪些意义呢？笔者认为，这几点作用值得一提，如图 10-25 所示。

图 10-25 文案中制造节日气氛的意义

既然在文案中制造节日气氛有这么多好处，那么，在具体的撰写过程中，应该怎么做呢？笔者根据自己的经验，总结出了如图 10-26 所示的 3 种方法。

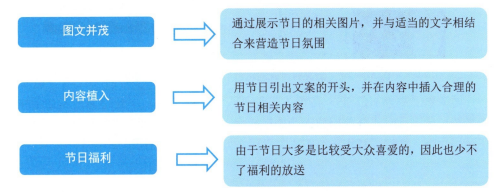

图 10-26 文案中制造节日气氛的方法

专家提醒

节假日向来是企业和商家大肆推销产品和服务的时间。为了尽可能把握住这段时间强劲的消费力，各路大神大显身手，各出高招。而新媒体文案撰写者也不会放过这一大好机会，竭力打造富有节日气氛的文案。但无论如何，文案的目的最终还是为了促销产品，因此介绍节日只是次要，最主要的还是营销。

如图 10-27 所示为一篇与元宵节相关的文案。该篇文案在标题中就指出了涉及的节日——元宵节，接着开篇以刚过去的情人节为切入点，引出元宵节。在此处，文案更是以一句比较活泼、俏皮的话——"有对象的是不是该带对象回家过元宵节了？没对象的是不是也得抓紧了？"——来调动读者情绪，吸引读者的注意，营造浓烈的节日氛围。

接着就进入元宵节正题，介绍元宵节的习俗，并适时插入大量的介绍相关产品的文案内容，为文案的主要目的的实现提供助力。最后，文案撰写者在末尾处给出祝福，进一步营造节日氛围。

图 10-27 图文并茂式的营造节日氛围的新媒体文案

再来看"高丝 KOSE"在情人节前一天推送的文案,主要是通过将生活中的某些现象进行描述并与自家的产品相结合,然后积极与读者进行互动,从而推广产品品牌,获得读者和粉丝的大力支持,如图 10-28 所示。

图 10-28 内容植入式营造节日氛围

从图 10-28 中不难看出,"高丝 KOSE"绝不是生搬硬套宣传产品,而是以饱含感情的叙述方式来吸引读者的注意,借着节日这个契机来推广和宣传,可以称得上是内容植入的典型案例了。

还有一种营造节日氛围的方式,就是节日福利。实际上,这是很多企业早就在使用的一种方法，也已经在广大消费者的心中形成了固有的印象。以"百雀羚"为例，它在微信公众平台推出的文案就以春节为契机，结合领取支付宝红包的方式来打造节日营销的良好氛围，如图 10-29 所示。

图 10-29　结合领取支付宝红包的方式营造节日氛围

10.5　分享营销，活跃氛围

人们在购买某一产品的时候，总是喜欢去浏览评论区的内容，以便佐证商家推广的产品信息的真伪。因为对读者和消费者来说，无论商家介绍的产品再好，还是不如已经购买产品的那些消费者的亲身体验和评价来得真实。因此，本节就从分享消费者的反映和评论出发，介绍营造活跃的营销氛围的技巧。

10.5.1　巧妙晒单，让人心动

互联网营销中少不了晒单和晒好评等分享类营销的方式，其重要意义是用来吸引消费者关注商家，从而使其产生更多的消费行为。而这种营销方式同样也可以运用到文案营销之中，因为巧妙晒单是激发目标客户购买欲的最佳手段之一。

新媒体在文案中进行相关产品营销活动推广的过程中，除了需要呈现产品的图片和基本信息以外，为了取得顾客的信任，也可以晒一些成功的交易单。不过值得我们注意的是，在晒单的时候，还要遵循两点原则，即适度和真实。那么，我们应该如何做到适度和真实呢？笔者将其具体的表现总结为如图 10-30 所示。

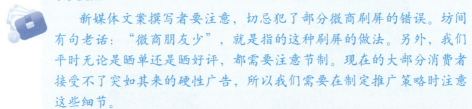

图 10-30 做到适度和真实的方法

专家提醒

新媒体文案撰写者要注意,切忌犯了部分微商刷屏的错误。坊间有句老话:"微商朋友少",就是指的这种刷屏的做法。另外,我们平时无论是晒单还是晒好评,都需要注意节制。现在的大部分消费者接受不了突如其来的硬性广告,所以我们需要在制定推广策略时注意这些细节。

从营销角度来说,适度地晒一些交易单的营销信息,可以大大地刺激消费。那么晒交易单究竟有什么好处呢?一是可以勾起读者的好奇心,很多人看到此类的信息都会忍不住阅读;二是提升读者或者客户对产品和品牌的好感度和信任值,从而保证产品的稳定销量。

以"Sir 电影"在微信公众平台推送的文案为例,它通过展示用户的购买情况来吸引更多读者关注,而且是从用户的角度来展示消费感受的,如图 10-31 所示。

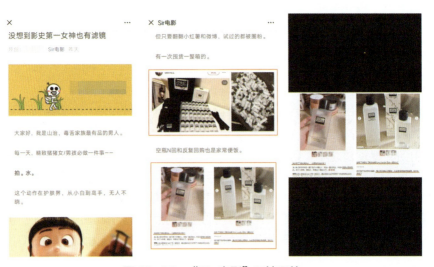

图 10-31 "Sir 电影"巧妙晒单

"Sir电影"微信公众号的晒单方式是别出心裁的,虽然是晒单,但却晒得不露痕迹。整篇文案看起来就是从拍水入题,似乎是介绍某一品牌及其功效,特别是把品牌介绍与知名好莱坞女星结合起来,更是为品牌提供强有力的佐证。实际上,文案中插入了各种产品信息,但读来并不令人反感,反而促进了品牌及其产品的宣传和推广,如图10-32所示,在不知不觉中就达成了营销目的,这才是晒单的正确打开方式。

该篇一出,众多粉丝纷纷留言,表示自己想要购买的意愿和对产品功效的肯定,如图10-33所示,足以见得这个方式是很奏效的,引起了很多致力于爱美和护肤人士的共鸣。

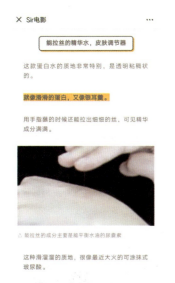

图10-32 文案中的产品宣传和推广

图10-33 粉丝对于文案中产品的评论

10.5.2 晒好评,让事实说话

我们在进行文案营销推广的过程中,为了让消费者更充分地信任产品和品牌,还可以把受众的好评拿出来"晒一晒"。通常来说,提到"好评",大家立马就会想到淘宝。实际上,无论是淘宝,还是微信公众号,或者是微信小程序,都使用了展示优质评论来吸引更多人群的这一营销手段。

"好评"可以称得上是比较自然的营销植入方式之一,很多场景都需要它来引起消费者的关注和购买欲。特别是在网络营销日益成熟的市场环境下,很多消费者都是通过在网络上获取信息来选择产品的。因此,晒好评,说实话,是最富有价值的广告形式。

那么，在新媒体文案之中，我们应该如何晒好评呢？虽然好评容易得到，但怎么更好地呈现需要掌握一定的技巧，具体如图10-34所示。

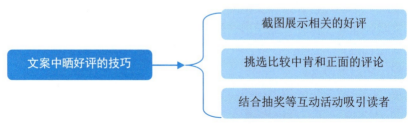

图10-34　文案中晒好评的技巧

专家提醒

很多商家和企业在文案中晒好评的时候没有注意挑选的标准，结果往往会使得预想效果与实际效果不符。而且在文案中晒好评的目的，一方面是为了吸引读者的目光，另一方面是为了让更多的读者参与到评论中来，从而为传播品牌奠定更加坚实的基础。

以"Spenser"在微信公众平台推送的文案为例，就通过展示可左右滑动的学员的评论留言截图来吸引更多的关注，如图10-35所示。

图10-35　"Spenser"巧妙晒评论

"Spenser"在这则推送中展示的评论都是积极正面的，而且都是围绕"新年"这一关键词进行描述的，不仅鼓舞了读者，同时又为品牌传递了正能量。当然，"Spenser"并不是纯粹为了晒好评，而是为了接下来的课程的传播和推广，如图 10-36 所示。

图 10-36 "Spenser"晒好评后的课程传播与推广

10.6 口碑营销，建立权威

权威一般有两个重要作用，这两个方面相互作用、相互支撑。

(1) 容易获得消费者认可。

(2) 容易做出好的口碑来。

权威一般代表着不可推翻、值得信赖，因此比较适合在文案中使用这一因素，来提升读者的好感度和信任度，从而顺利推销相关产品。新媒体在做文案营销时，如果要建立权威，可以通过两种方式进行，下面将进行具体介绍。

10.6.1 新闻报道式，卸下防备

所谓的新闻报道式文案，实际上整体感觉与新闻报道是一致的，在写作之前要先研究发布文案的报纸或网站的新闻风格，包括新闻报道的标题、内文、图片以及版式等，它的可信度高，能让消费者卸下戒备心理，以平常心阅读文案，对文案的内容深信不疑。

以"ZOL 中关村在线"在微信公众平台发布的文案为例，如图 10-37 所示。从图 10-37 中可以看出，该篇文案通过比较严肃的文字风格来表达了英特尔 10nm 的相关内容，是典型的新闻报道式文案，与新闻报道区别不大。

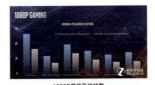

图 10-37 新闻报道式的新媒体营销文案

10.6.2 新闻权威式,加深印象

所谓的新闻权威式文案,就是文案营销以权威观点,利用权威专家论证、权威机构推荐的形式,针对社会热点事件,通过新闻的形式进行报道和隐性传播,增加文案内容的吸引力与可读性。那么,这种新闻权威式的文案,到底应该如何打造呢?笔者将其要点主要总结为如图 10-38 所示。

图 10-38 打造新闻权威式文案的要点

专家提醒

在放大利益诉求的时候,可以通过权威机构的引证来表现出产品的安全性和高效性。同时展示全新的防治理念和使用方式,紧紧围绕权威、安全以及新颖等核心,可以不断地加深产品在消费者心中的印象。

如图 10-39 所示为"人民日报"在微信公众平台发布的关于"我与中国"短视频大赛的内容。借助人民日报这一权威媒体，通过感染性强的文字介绍了"我与中国"短视频大赛，同时还用举例的形式充实文案内容，又用显得非常正式的图片和声明提升权威性。

图 10-39　新闻权威式文案